國際貿易付款方式的
選擇與策略

張錦源　著

三民書局

國家圖書館出版品預行編目資料

國際貿易付款方式的選擇與策略／張錦源著.――
初版一刷.――臺北市：三民，2010
　　面；　公分

ISBN 978–957–14–5353–8　（平裝）
1.國際貿易實務 2.匯兌 3.信用狀

558.73　　　　　　　　　　　　　　99011968

© 　國際貿易付款方式的選擇與策略

著 作 者	張錦源
責任編輯	余幼華
美術設計	蔡季吟
發 行 人	劉振強
著作財產權人	三民書局股份有限公司
發 行 所	三民書局股份有限公司
	地址　臺北市復興北路386號
	電話　(02)25006600
	郵撥帳號　0009998–5
門 市 部	(復北店)臺北市復興北路386號
	(重南店)臺北市重慶南路一段61號
出版日期	初版一刷　2010年8月
編　　號	S 552460

行政院新聞局登記證局版臺業字第○二○○號

有著作權‧不准侵害

ISBN　978–957–14–5353–8　　（平裝）

http://www.sanmin.com.tw　三民網路書店
※本書如有缺頁、破損或裝訂錯誤，請寄回本公司更換。

序

　　貨物買賣是貨物與貨款的對流，而在買賣中「貨物的交付」與「貨款的支付」為買賣雙方的基本義務。在國際貨物買賣中，處在不同國家、地區的進出口商，欲「一手交貨，一手交錢」幾乎不可能。在此情形下，不是出口商先行出貨，就是進口商先行付款。然而，遠隔兩地的雙方當事人，難免彼此不信任，出口商擔心收到貨款之前，如先出貨，恐貨款落空；進口商也唯恐先付了貨款，出口商卻不交貨。這種情形就是「付款與交貨」（金流與物流）孰先孰後的「付款方式」問題。在國際貨物買賣中，「付款方式」常成為買賣雙方反覆磋商的重要事項。因此，進出口商如何選擇合理且能為雙方接受的「付款方式」殊有研究的必要。在實務上，常因「付款方式」無法談妥，以致失去交易的機會，相當令人惋惜。

　　本書第一章主要介紹國際貿易付款方式的種類及決定付款方式時應考慮的因素。第二章就匯付方式貿易中有關預付貨款、交單付現、交貨付現、記帳、寄售及分期付款等各種付款方式的利弊、風險規避、適用場合及重要契約條款等作詳細介紹與分析。第三章介紹託收方式貿易，就其託收種類、利弊、風險規避、重要契約條款、融資問題詳細說明。第四章就我國貿易業者最熟悉的商業信用狀，從風險管理的角度深入探討。第五章介紹銀行保證函及擔保信用狀在現代國際貿易金融的重要性，尤其部分擔保信用狀已成為付款方式的一種（例如 Direct Pay Standby L/C、Commercial Standby L/C 等），頗受業界注意。但是利用擔保信用狀詐騙的情形，卻屢見不鮮，因此，本書提出一些防範詐騙措施。最後一章介紹各種付款方式的談判策略，以供讀者實際從事貿易談判時參考。

　　本書之撰寫為作者根據其多年從事外匯、貿易業務的經驗以及在各大學院校、國內大企業、外貿協會國際企業人才培訓中心等講學心得加以整理而成。國際金融海嘯過後，全球經濟正面臨快速變遷，處在變化莫測的地球村，面對競爭激烈的國際貿易環境，假如能參考本書所介紹的付款方式，加以靈活運用，相信讀者在這詭譎多變的貿易戰場中，必能達成目標。

張錦源 謹識

2010 年 7 月

國際貿易付款方式的選擇與策略

目 次

第一章

概　述

 ## 第一節 付款方式在國際貿易中的重要性

　　在一筆國際貨物買賣中，出口商最關心的莫過於貨款的收取。出口商從事外銷，無非在於將本求利。倘不幸遇到進口商不付款，則雖售價甚高，也將血本無歸。所以在國際貿易買賣雙方在交易中，付款方式常成為反覆磋商的重要事項。

　　付款方式就出口商立場而言，固然求安全無風險，並期早日收到貨款；但就進口商立場而言，則無不希望盡量延後付款，以利資金周轉。在這種利害相反的情況下，當事人如何考慮到雙方利益而選擇一種合理且能為雙方接受的付款方式，殊有研究的必要。我們在實務上，常常因為付款方式無法談妥，以致失去交易的機會，殊令人惋惜。

 ## 第二節 國際貿易貨款的結算途徑

　　國際貿易貨款的結算 (Settlement of Payment of Goods)，買賣雙方可自行結算，也可逕由銀行結算。

 ### 一、自行結算

　　自行結算可分為易貨貿易 (Barter Trade) 方式與現付 (Payment by Cash) 兩種。我國目前已無易貨貿易，至於現付是原始的結算方式，賣方一手交貨，買方一手付款，銀貨兩訖，通稱為「交貨付現」(Cash on Delivery, COD) 或「現金交貨」，現在已罕見。

 ### 二、銀行結算

　　絕大部分是採匯兌方式，匯兌方式又可分為順匯 (Remittance) 與逆匯 (Reverse Remittance)。

1. 順　匯

即由買方主動透過銀行將貨款匯付給賣方。順匯可分為三種：

(1)電匯 (Telegraghic Transfer, T/T)：指匯款銀行以電傳 (Teletransmission) 通知國外通匯銀行將貨款交付賣方。

(2)信匯 (Mail Transfer, M/T)：指匯款銀行以信函通知國外通匯銀行將貨款交付賣方。

(3)票匯 (Demand Draft, D/D; Draft Transfer, D/T)：指匯款銀行簽發即期匯票交付匯款人，由匯款人自行寄交賣方，賣方憑即期匯票向匯入銀行兌款。

目前國際貿易貨款的收付，幾乎全採電匯方式，至於信匯及票匯方式已不多見。

2. 逆　匯

即由賣方簽發匯票洽請銀行憑以收取貨款。我國以前進出口貿易貨款的收付，主要是以逆匯方式進行，但近年來，採用順匯方式（例如預付貨款或記帳 (Open Account, O/A) 方式交易）者越來越多。

由賣方簽發匯票收取貨款，採光票者不多，主要是簽發匯票附上貨運單據憑以收款。該跟單匯票如是憑信用狀 (Letter of Credit, L/C) 簽發者，銀行將以押匯方式處理；如是依據買賣契約簽發者，銀行將以託收 (Collection) 方式處理。託收方式又可分為付款交單 (Documents against Payment, D/P) 及承兌交單 (Documents against Acceptance, D/A) 兩種。

3. 其他方式

即以私人支票 (Personal Check)、銀行支票 (Bankers' Check) 及旅行支票 (Traveler's Check) 等信用工具結算。雖然是由買方直接交付賣方，但賣方仍須透過銀行兌款。

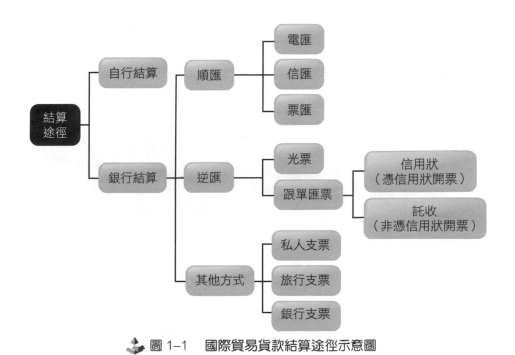

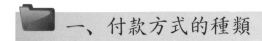 圖 1-1 國際貿易貨款結算途徑示意圖

 第三節 國際貿易付款方式的種類

一、付款方式的種類

　　從上節結算途徑可知，在現代國際貿易實務中，買賣貨款的收付方式即付款方式，主要有匯付、託收及信用狀等三大類別。除了以上三種基本的付款方式外，在特定情況下，還有採用銀行保證函、擔保信用狀以及採用兩種或兩種以上方式結合的辦法進行收付。

　　每一大類還可分為若干小類別。至於現付方式，如前所述已罕見。茲就目前採用的各種付款方式，列於圖 1-2。

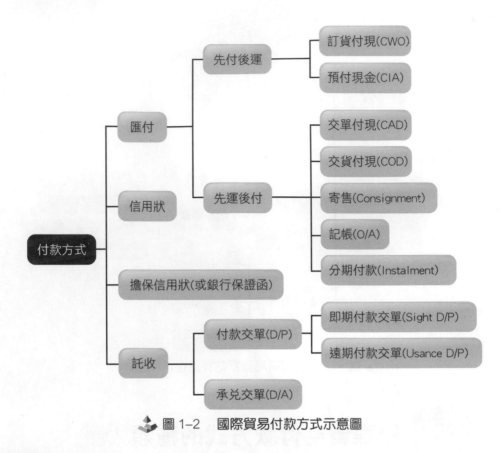

🔷 圖 1-2　國際貿易付款方式示意圖

二、付款方式與風險的關係

圖 1-3 是從賣方觀點表示付款方式與風險的關係，例如以 CWO 為付款方式時，賣方風險最小；以 Instalment 為付款方式時，賣方風險最大。

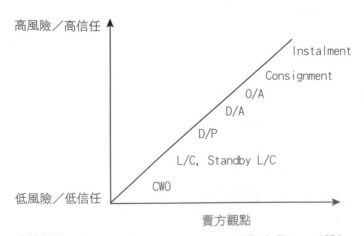

資料來源：Chase Manhattan Bank, *Dynamics of Trade Finance*, 1984。

🔷 圖 1-3

　　圖 1–4 是從買方觀點表示付款方式與風險的關係，例如以 CWO 為付款方式時，對買方最不利；以 Instalment 為付款方式時，對買方最有利。

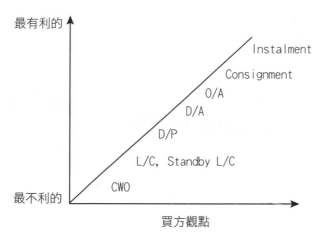

資料來源：Chase Manhattan Bank, *Dynamics of Trade Finance*, 1984。

 圖 1–4

 # 第四節　決定國際貿易付款方式的因素

　　進出口商在決定付款方式時，應考慮下列因素：

1.政府的規定

　　實施外匯管制的國家，進出口貿易付款的方式須符合規定。例如以前我國在實施外匯管制時期，無論預付貸款、信用狀、付款交單、承兌交單或記帳交易等進出口，均須經外匯管理機構核准。所以進出口商在磋商付款方式時，首先須嚴格遵守政府的規定。

2.對手國的政、經情勢

　　對方國家的政治、經濟是否安定、貨幣是否穩定、外匯是否充裕，都是當事人決定付款方式時必須考慮的因素。因為這些都涉及一項國際貿易中所特有的「國家及外匯風險」(Country and Exchange Risks)。例如進口商的信用毫無問題，但該國正遭遇政、經或外匯方面的難題，而當地政府嚴格管

制對外匯兌，以致可能延遲付款，甚至無法付款。對於一些國家或政經不安定，或因為外匯短絀，即使採用信用狀方式，也難保證如期收到貨款。

3.對方信用

付款方式關係著進出口商雙方風險的負擔。通常對於信用良好的進口商，出口商可以託收方式，甚至以記帳方式出口；對於信用較差的進口商，則僅考慮以信用狀，甚至以預收貨款方式出口避免損失。對於信用良好的出口商，進口商可能願意以預付貨款或信用狀方式進口。

4.交易金額的大小

某些付款方式適用於小金額交易，例如樣品訂單金額不大，可以訂貨付現 (Cash with Order, CWO) 方式交易；再如整廠設備交易金額很大，則可能採用分期付款方式。

5.交易商品性質

不同的商品有不同的交易習慣，例如現在較少見的紅條款或綠條款信用狀只在羊毛或皮貨交易中使用；資本設備等的交易則常採用分期付款方式；如具有快速周轉 (Quick Turnover) 的所謂快速消費財 (Fast Moving Consumer Goods, FMCG) 或一些耐久消費財 (Durable Consumer Goods) 則常採用寄售方式進行交易。

6.競爭者的付款條件

要想爭取市場，就必須給予對方較其他競爭者所能給予的更為優厚的付款條件。例如競爭者所給予的付款條件為 D/P 或 D/A，而我方若能給予 O/A 條件，則肯定可爭取到交易機會。

7.利率水準

一般而言，資金流向是自低利率地區流向高利率地區，由低利率國家的一方授信予高利率國家的一方。相對於先進國家而言，我國屬於高利率國家，故我國出口商對其出口以採預收貨款或即期信用狀為宜。自其進口則採託收或 O/A 方式為佳。反之，與經濟開發較低、資金較我國更緊俏的高利率地區進行貿易，則我國進出口商處境正相反。

8.市場情況

如貨物暢銷，為賣方市場 (Sellers' Market) 時，即表示賣方在市場上居上風，則不僅可提高貨價，其付款方式也將由賣方主導，賣方可獲得較佳的付款條件。反之，在貨物滯銷時或競爭激烈的商品，為買方市場 (Buyers' Market) 時，即買方在市場上居上風，則買方可要求較有利的付款方式。

9.進口國的付款習慣

例如中南美洲國家的進口商習慣以託收方式進口商品，而北歐國家——挪威、丹麥、瑞典以及荷蘭、瑞士、奧地利等國的進口商則習慣以記帳方式進口。

10.是否具備健全可靠的代理系統

有些付款方式需有健全可靠的代理系統或強而有力的配銷網 (Strong Distribution Network) 配合才能採用。例如託收付款方式、交單付現及寄售等，在進口國如無可靠的代理商支援，交易比較不容易進行。

11.融通資金的能力

資金融通為決定付款方式的重要因素。進口國有良好的進口融資制度，進口商自可以交貨前付款（先付後運）方式進口貨品；出口國有良好的資金融通制度，則出口商自可以交貨後付款（先運後付）方式外銷貨品。

12.公司信用政策

如公司想增加銷售及利潤，或擴大分散市場，則公司必須承擔較多信用風險，提供較寬鬆的付款方式；反之，如公司意圖降低信用風險，期待迅速收到貨款，則只能採取比較嚴苛的付款方式。

13.貿易條件及交貨方式

不同貿易條件所表明的交貨方式是不同的，而不同的交貨方式能適應的貨款收付方式也不一樣。在實務上，也不是每一種交貨方式都能適用於任何一種付款方式。例如在使用 CFR、CPT、CIF 及 CIP 等屬於象徵性交貨 (Symbolic Delivery) 或單據交貨條件的交易中（CPT、CIP 條件也有實際交貨的契約），採用的是憑單交貨、憑單付款的方式，控制運送單據就是意

味著控制貨物所有權。因此，這些交易既可使用信用狀方式也可採用付款交單 (D/P) 的託收方式收取貨款。

但如使用 EXW 及 DDP 等屬於實際交貨 (Actual Delivery) 方式的貿易條件交易，則由於是賣方向買方（或透過運送人）直接交貨，賣方無法透過運送單據控制貨物所有權（除非賣方取得可轉讓提單）。因此，一般不能採用託收方式。即使按 FOB、FCA 條件交易，在實務上也可憑運送單據，例如提單 (Bill of Lading, B/L) 或複合運送單據交貨與收款，但這種交易的運輸是由買方安排，賣方則將貨物裝上買方指定的運輸工具，或交給買方指定的運送人，賣方很難控制貨物所有權，所以不宜採用託收方式。

14.運送方式

如貨物以海洋或複合方式運送時，賣方交運貨物後得到的運送單據一般為可轉讓的海運提單或可轉讓的複合運送單據。這些單據是貨物所有權憑證，所以賣方可控制貨物所有權，故可適用信用狀和託收方式收取貨款。如貨物以航空、鐵路或郵政運送時，賣方得到的運送單據為空運提單、鐵路貨運單或郵政包裹收據，而這些單據均非所有權憑證，提貨時無需提示這種單據。因此，採用這些方式運送貨物的交易，都不宜以託收方式收款。同樣理由，如用信用狀方式交易，通常也要求將這些運送單據的收貨人作成開狀銀行。

第二章

匯付方式貿易

國際貿易付款方式 (Methods of Payment) 基本上有匯付、託收及信用狀等方式。本章將先介紹匯付方式及其在國際貿易中的運用。所謂匯付 (Remittance) 就是進口商主動將貨款透過銀行（或其他金融機構）匯交出口商之意。

因由進口商（債務人）主動將款項付給出口商（債權人）及匯兌工具（匯款通知和票據）移動方向與資金的流動方向相同，故又稱順匯。

在國際貿易中的匯付，其匯付時間依付款與裝運先後的關係，可分為下列兩種：

⑴先付後運 (Payment Prior to Shipment)，又稱先付後裝。

⑵先運後付 (Payment after Shipment)，又稱先裝後付。

在匯付方式貿易中，若約定「先付後運」，則在買賣契約的付款條件 (Terms of Payment) 中通常以「預付貨款」(Payment in Advance; Prepayment; Advance Payment) 表示。至於約定以「先運後付」為條件的匯付貿易又可分為：

⑴交單付現 (Cash against Documents, CAD)。

⑵交貨付現 (Cash on Delivery; Collection on Delivery, COD)。

⑶記帳貿易 (Open Account Trade, O/A)。

⑷寄售貿易 (Consignment Trade)。

⑸分期付款貿易 (Instalment Trade)。

 **第一節 預付貨款方式貿易**

 一、預付貨款方式的意義

所謂預付貨款方式貿易，就是進口商先將貨款的全部或一部分（例如支付定金的場合）匯交出口商，出口商則於收到貨款後立即或在一定時間內，交運貨物的一種付款（結算）方式。對進口商而言，是預付貨款，但

對出口商而言，卻屬預收貨款方式貿易。

茲圖示其作業流程 (Work Flow) 如圖 2–1。

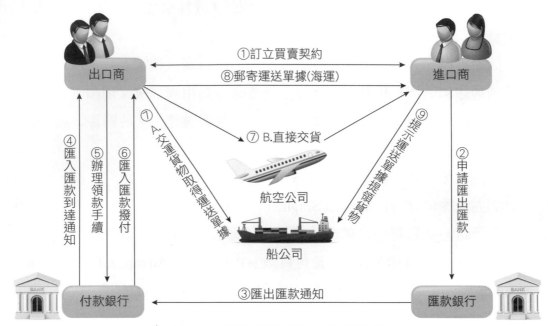

①訂立買賣契約
⑧郵寄運送單據(海運)

出口商　　進口商

⑦ A.交運貨物取得運送單據
⑦ B.直接交貨

航空公司

船公司

④匯入匯款到達通知
⑤辦理領款手續
⑥匯入匯款撥付

⑨提示運送單據
⑨憑以辦妥提領貨物
②申請匯出匯款

付款銀行　③匯出匯款通知　匯款銀行

圖 2–1　預付貨款貿易方式作業流程圖

說明：

　①進出口商訂立買賣契約，約定以預付貨款方式交易。

　②進口商到銀行申請匯款。

　③進口地匯款銀行（匯出銀行 (Remitting Bank)）匯款到出口地付款
　　銀行（匯入銀行 (Paying Bank)），請其付款給出口商。

　④付款銀行通知出口商前來辦理領款手續。

　⑤出口商辦理領款手續。

　⑥付款銀行將匯入匯款撥付給出口商。

　⑦A.海運方式：依約交運貨物取得運送單據。

　　B.空運方式：依約直接交貨。

　⑧海運方式者，出口商將運送單據逕寄進口商。

　⑨進口商收到運送單據後憑以提領貨物。

　　預付貨款方式貿易的風險，對進口商而言，遠較信用狀、付款交單或承兌交單方式貿易要大。買賣雙方需有高度的互信，或採取適當的避險措施才能順利進行交易。

 二、預付貨款方式貿易的種類

　　預付貨款方式的貿易（含定金 (Down Payments) 及一次付清 (Lump Sum Payments)），依其付款的時間區分有：

1.訂貨時付現 (Cash with Order, CWO)

　　即進口商於簽立契約或進口商下單時，即匯付貨款。

2.預付現金 (Cash in Advance, CIA)

　　即進口商應於簽發訂單後或簽立買賣契約後若干日內或賣方出貨前若干日之前，匯付貨款。又稱為「出貨前付款」(Payment before Shipment, PBS) 或「裝運前付現」(Cash before Shipment, CBS)。

3.打包放款信用狀 (Packing L/C)

　　即買方開出附有特別條款的信用狀（如紅條款信用狀 (Red Clause L/C)、綠條款信用狀 (Green Clause L/C; Green Ink Clause L/C)），規定賣方在一定條件下，可憑信用狀向指定銀行申請墊款，以購買生產原料。

 三、預付貨款方式貿易的利弊

　　預付貨款的貿易方式，一般而言，有利於出口商，而不利於進口商。茲就對進出口商的利弊分析如下：

1.對出口商而言

　　⑴利：

　　　①信用風險小：出口商收款在前，交貨在後，所以無收不到貨款的風險。

　　　②可獲得資金周轉之便：出口商收到貨款之後才安排交貨事宜，因此可獲得營運資金周轉的便利。

③交易手續簡便，費用低廉。

(2)弊：

①缺乏競爭力。

②售價常被壓低：因進口商須預付貨款，除了信用風險較大之外，尚有利息的損失，所以常常在價格上要求優惠或折扣。

2.對進口商而言

(1)利：

①在賣方市場或搶購時，為爭取其優先供貨，往往願意預付貨款 (例如 2007 年訂購日本任天堂生產的 Wii 遊戲機，即使預付貨款，須半年才能交貨)。

②小訂單、試訂時採此方法，手續簡便，費用低廉。

③在價格上可爭取到一些優惠或折扣 (Cash Discount)。

(2)弊：

①信用風險大：因付款在先，收貨在後，若出口商不履約則進口商將遭受損失。

②不利於資金周轉：未收到貨物卻先行墊款，占壓了進口商的資金，喪失自預付時起至出口商交貨日止的資金運用便利。

 四、預付貨款方式貿易風險的規避方法

1.對出口商而言

因已收妥貨款，原則上不必採取避險事宜。但注意：

(1)忌收私人支票或匯票。若不拒絕，則宜收妥票款後才出貨。

(2)若進口商要求出口商提供銀行還款保證函 (Refundment Guarantee) 者，應注意該保證函的內容及時效。

2.對進口商而言

(1)加強徵信：除非出口商誠信 (Integrity) 可靠、財務健全，否則不宜採取預付方式貿易。

(2)按信用評等，設定交易額度。

(3)考慮匯付時間與交貨時間的落差不要太大。

(4)約定解付匯款的條件。例如出口商領款時，須提示書面擔保，以保證在一定時間內將貨運單據交付匯入銀行轉交進口商。

(5)必要時，要求出口商提供銀行還款保證函保證出口商如期履約，否則承擔退還預付的貨款另加利息。例如保證函中規定：

This L/C (guarantee) is payable against:

a. beneficiary's (importer) draft drawn on issuing bank

b. accountee's (exporter) receipt indicating that accountee has received US$... or less from beneficiary（另請參閱本節第六項列示）

然後，Paying Bank（匯入銀行、付款銀行）憑出口商收據解付匯款，該收據則交由進口商保管。俟出口商出貨後，將貨運單據透過匯出銀行及匯入銀行交付進口商，進口商領單時須繳回出口商原出具的收據。

五、適合預付貨款方式貿易的情形

1.對出口商而言

(1)交易金額較小，屬於試訂或訂購樣品時。

(2)買方（進口商）資信欠佳或不明時。

(3)賣方市場，貨品是熱門貨，供不應求時。

(4)貨物規格特殊，不先付款就不願意產製時。特殊規格的貨物，產製後萬一進口商不付款甚難於轉售,故常要求先付一部分或全部貨款。

(5)本國貨幣有升值趨勢時（即可提前收匯）。

(6)買賣雙方有長期良好密切往來關係，且充分信任賣方時。

(7)進口國政經情況惡劣，除非進口商預付貨款，否則不願出貨時。

(8)買賣雙方為母子公司關係、關係企業或跨國公司時，為避免匯率變動風險及節省交易費用時。

(9)出口商資金短絀，須先收貨款，才有能力購料生產，而進口商又迫

切需要貨物時。

(10)本國市場利率遠高於進口國市場利率時。

2.對進口商而言

(1)在賣方市場，出口商貨物品質好，價格尚屬合理，其他廠牌無法與之競爭時。

(2)出口商資信良好時。

(3)交易金額較小，屬於試訂或訂購樣品時。

(4)資金寬鬆，有足夠資金支應其營運時。

(5)出口商願意在價格上給予優惠或現金折扣 (Cash Discount) 時。

(6)即使交易金額較大，若出口商可提供還款保證函，保證其不履約時，將退還預收的貨款，並另加利息時。

(7)本國貨幣有貶值趨勢時（即可提早付匯）。

(8)本國市場利率遠低於出口國市場利率時。

(9)確信輸出入國不至於在其預付貨款之後禁止該交易貨物的輸出入時。

六、預付貨款方式貿易契約重要條件的約定

預付貨款方式買賣契約的內容，原則上與一般貿易契約（例如信用狀或託收項下的交易）內容大同小異，但以下有關條件則值得注意。

1.價格條件

(1)計價幣別最好採用幣值穩定的通貨。

(2)假如出口商須提供還款保證，則其費用應估入售價內。

(3)出口商預收貨款，所以其售價應比信用狀或託收交易的價格為低。

(4)貿易條件：原則上按 CIF 或 CIP 條件交易。因為由出口商安排運輸（尤其數量小時）及保險較為方便。

2.付款條件（又稱為匯款條件）

應在契約中明確規定匯付方式、時間及金額。

⑴匯付方式 (Type of Remittance)：

　①T/T (SWIFT)：電匯。

　②M/T：信匯，現在很少用。

　③D/D (D/T)：票匯，現在亦不常使用。

　④Personal Check：私人支票，應收妥後才出貨。

　關於上述四種資金移轉方式的利弊優劣，茲就其安全性、成本及速度加以比較，如表 2-1 所示。

 表 2-1　　電匯、信匯、票匯及私人支票的比較

匯款方式	安全性	成本	速度
電匯	安全性最高；透過銀行通路對指定受益人付款	費用較信匯貴，但若匯款金額較鉅，可能因利息費用的節省（因較迅速）而反較信匯為經濟	最迅速的匯款方式，付款後委託銀行以電傳遞送
信匯	透過銀行通路對指定受益人付款；然而，此種付款也可能在銀行郵遞過程中遭致延誤或遺失	費用較電匯便宜	較電匯慢，付款後委託銀行以郵遞方式寄送
票匯	可能遺失、被偷竊或損毀，而銀行通常不願對其本身所開發匯票予以止付，因將導致公眾對其產生不良印象	與信匯同	通常較信匯和電匯慢，因匯票仍交與顧客自行寄送給受益人
私人支票	可能遺失、被偷竊或損毀；可能是空頭支票	費用便宜；且發票人在支票到期提示付款以前仍得自由使用該項票款，但受款人須負擔託收費用或讓售折扣	最慢的方式；因受款人必須等待將支票寄回發票人存款銀行請求付現，但如果該支票能在當地讓售（通常附加追索權）則可省一些時間

⑵匯付時間：

　①下單時。

　②下單後×××天內。

③出貨前×××天內。

(3)預付貨款的金額: 預付貨款是全額抑是部分貨款? 部分貨款時, 與其他付款方式如何結合? 例如 Payment: Advance Payment: 60%; D/P: 30%; D/A: 10%。

茲將預付貨款方式貿易的匯付條款例示於下:

---

(1) The buyers shall pay 100% of the sales proceeds in advance by demand draft (D/D) to reach the sellers not later than Dec. 15, 20–.

(2) Payment in advance for full contract amount by way of the following means on or before Oct. 10, 20–.

  ① T/T (SWIFT) or M/T

  ② Bankers' Draft

  ③ Personal Check (payment shall not be deemed received unless the amount of the check has been collected)

  ④ International Postal Money Order

(3) _____ % of the total contract value as advance payment shall be remitted by the buyer to the seller through telegraphic transfer (T/T) within one month after signing this contract.

(4) Payment in advance by Cashiers check, which must be received by us not later than Dec. 25, 20–.

(5) Remittance in advance by SWIFT to sellers' account No. _____ with _____ Bank, _____ Branch, Taipei, on or before Oct. 10, 20–.

(6) Payment shall be made with the order when the contract is signed.

(7) Remittance shall be made by SWIFT within 10 days after the buyers has been advised the date of shipment from the sellers.

3.應提供單據及份數

(1)出口商應提供的單據與份數: 在國際貿易中, 常見的發票或包裝單, 即使未約定, 賣方還是有義務提供。但比較特殊的單據則應在契約中加以約定。

(2)提供單據方式及時間: 例如約定出貨後×××天內, 將單據以快遞或快郵方式逕寄進口商。

4.交運時間

例如約定出口商收到貨款後，應在×××天內交運貨物。至於採海運、空運或快遞，也宜在訂單或契約中約定清楚。

5.還款保證函例示

在預付貨款方式貿易中，如金額較大時，為防範出口商收到貨款後卻不交貨時，為了確保可收回預付的貨款，必要時可要求出口商提供銀行還款保證函 (Repayment Guarantee)、 Advance Payment Standby L/C 或 Refundment Standby L/C。其格式如下：

預付款返還擔保信用狀

(Advance Payment/Refundment Standby Letter of Credit)

（申請人：出口商；受益人：進口商）

目的：出口商要求預收部分貨款，進口商要求收到擔保信用狀後才匯款。

At the request of ___申請人___ (name and address of the Applicant), we hereby issue our irrevocable Standby Letter of Credit No. _____ for US$10,000.00 (Say US Dollars Ten Thousand Only) in favor of ___受益人___ (name and address of the Beneficiary) for guaranteeing that the Applicant will ship the goods under Purchase Order No. _____ dated (specific date) to the Beneficiary within the required latest shipment date.

This Standby Letter of Credit is available by Beneficiary's Sight Draft(s) drawn on us accompanied by their signed Statement certifying ___申請人___ (name of the Applicant) have failed to ship the goods under the Purchase Order No. _____ dated (specific date) to the Beneficiary within the required latest shipment date.

This Standby Letter of Credit will expire on _____ (expiry date) at our counters./in the Beneficiary country.

Partial drawings are not allowed.

Documents must be presented to （文件向……提示） ___通知銀行___ (advising bank) for negotiation.

All baking charges outside _____ (country in which this L/C is issued) are for account of the Beneficiary.

This Standby Letter of Credit will become automatically operative upon our receipt of the advance payment for US$10,000.00 in favor of the Applicant who holds Account No. 765123 with us. Once this advance payment is received to the Applicant's account, we will advise you to that effect, making this L/C operative.

　　Documents must be sent to ___開狀銀行___ (name and address of this L/C issuing bank) by courier service.

　　We agree with Beneficiary that Draft(s) drawn under and in compliance with this L/C terms will be duly honored if presented with the Statement on or before the expiry date. Upon receipt of documents complying with this L/C terms, we will remit proceeds according to the instructions of ___通知銀行___ (name of correspondent bank—L/C advising bank).

　　This Standby Letter of Credit is subject to UCP (2007 Revision), ICC Publication No. 600.

【註】利息條款：擬收取利息時（即出口商不交貨、還款時）

　　Provided that the applicant (seller) fails to perform obligation of the contract, we shall refund to you the said amount, within 3 working days after receipt of you written notice demanding refund together with accrued interest at the rate of _____ % p.a. From the date that beneficiary (buyer) effects payment toward the applicant (seller).

第二節　交單付現方式貿易

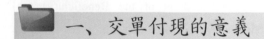

一、交單付現的意義

　　「先運後付」的匯付方式貿易，是指出口商先交運出貨物，待進口商收到貨後立即或在一定期間內，將貨款匯交出口商的一種結算方式。這種結算（付款）方式有交單付現方式貿易、交貨付現方式貿易、記帳方式貿易、寄售方式貿易及分期付款等。本節擬先介紹交單付現方式貿易。

　　「交單付現」(Cash against Documents, CAD) 方式貿易是指以出口商將貨物交運後取得代表貨物所有權憑證 (Document of Title) 的運送單據（例如 B/L）及其他單據向指定銀行或買方代理人提示以收取貨款的作法，性質上屬於先運後付的付款方式，這種交易方式在採匯付方式結算時，又稱為交單付匯 (Remittance against Documents) 方式貿易。在前節預付貨款方式貿易中，進口商為了減少預付風險，乃產生這種交單付現的作法。詳言之，其貿易方式為進出口商簽立買賣契約時，約定進口商須先透過當地銀行（匯出銀行 (Remitting Bank)）將貨款匯給出口地銀行（匯入銀行，付款

銀行 (Paying Bank)）或其代理人（保兌商號），並指示該行（或代理人）憑出口商所提示特定貨運單據解付匯款。匯入銀行（或代理人）則依指示向出口商發出匯款通知書。出口商收到匯款通知後在領取匯款之前，須先交運貨物，備妥通知書所規定的單據憑以向匯入銀行（或代理人）領取匯入的貨款。

　　以上所述是一般「交單付現」方式的交易過程。但實務上因交單地點及取得貨款途徑的不同，其作業流程略有不同。詳見第二項。

二、交單付現方式貿易的種類

1.第一類交單付現

　　在出口地向銀行提示單據，憑以收取貨款。

　　本類型的交單付現方式貿易，從進口商立場而言，在出口商未交貨之前，即須先匯付貨款，相當於「預付貨款」，積壓資金。從出口商立場而言，必須交運貨物，備妥貨運單據才能向匯入銀行提示，憑以收取貨款。因此與「先運後付」情形差不多。

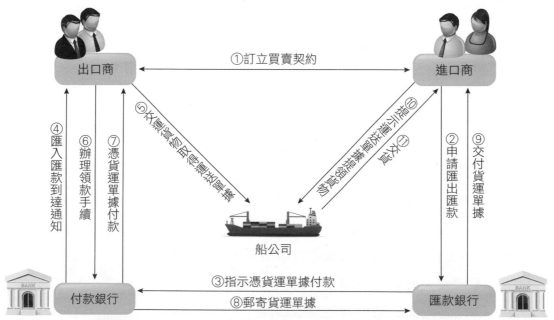

👉 **圖 2-2　交單付現 (CAD) 貿易方式（第一類）作業流程圖**

說明：

①進出口商訂立買賣契約，約定以交單付現方式交易。

②進口商先透過匯款銀行（匯出銀行 (Remitting Bank)），將貨款匯給出口地付款銀行（匯入銀行、解款銀行）。

③匯款銀行依進口商指示，要求付款銀行憑出口商提示貨運單據付款給出口商。

④付款銀行通知出口商可憑貨運單據及條件領取匯款。

⑤出口商依據匯款通知書交運貨物取得運送單據。

⑥出口商提示貨運單據，請領匯款。

⑦付款銀行憑貨運單據付款（解付匯款）。

⑧付款銀行將貨運單據快捷郵遞匯款銀行。

⑨匯款銀行將貨運單據交付進口商。

⑩進口商向船公司提示運送單據提領貨物。

⑪船公司交出貨物。

2.第二類交單付現

在出口地向進口商的代理人提示單據憑以收取貨款。

在本交易流程中，進口商指示其代理人辦理付款事宜時，可能同時將貨款匯付給代理人，也有可能事後另行結算。

說明：

①進出口商訂立買賣契約，約定以交單付現方式交易。

②進口商指示其在出口地的代理人（例如保兌商號 (Confirming House)）憑一定貨運單據付款給出口商。

③代理人通知出口商憑貨運單據領取貨款。

④出口商交運貨物取得運送單據。

⑤出口商提示貨運單據憑以收取貨款。

⑥代理人憑貨運單據支付貨款。

⑦代理人將貨運單據遞交進口商。

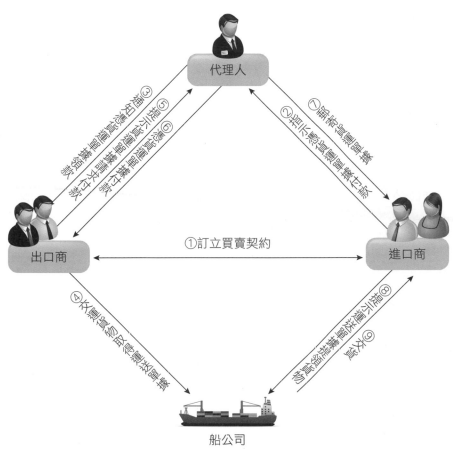

代理人

①訂立買賣契約

出口商　　　　　　　　　　　　　　進口商

船公司

🔻 圖 2-3　交單付現 (CAD) 貿易方式（第二類）作業流程圖

⑧進口商向船公司提領貨物。

⑨船公司放行貨物。

3.第三類交單付現

　　即出口商在進口地或第三地將貨運單據向進口商指定的人提示，憑以收取貨款。這種交單付現貿易雖屬「交單付現」貿易，但實際上與託收方式項下的付款交單 (Documents against Payment, D/P) 交易作業流程差不多，出口商面臨的風險與付款交單相似。不同的是此類交單付現交易憑貨運單據即可收取貨款，不需簽發匯票。而在付款交單交易則須提示匯票。有關作業流程請參閱「第三章　託收方式貿易」的付款交單作業流程。

　　綜觀上述三種不同交單付現交易可知，出口商若想迅速且安全取得貨

款，以選取第一種交單付現付款方式較佳。

 ## 三、交單付現方式貿易的利弊

1.對出口商而言

第一類及第二類交單付現交易只要按買賣契約規定及時交貨、交單，便可立即向匯入銀行或代理商（保兌商號）支取全部貨款。但是，在出口商尚未向匯入銀行（或代理商）提示貨運單據支取匯入款之前，該匯款可能隨時被撤銷。須知按一般銀行實務，在收款人支取貨款之前，匯款人有權隨時要求銀行退回匯款 (Refund)。

2.對進口商而言

(1)交單付現貿易方式因較一般匯付預付貨款情形多了一層保障，可以防止出口商支取匯款後卻不交貨或不交單。對匯出銀行而言，憑單付現（匯）的委託書必須以進口商完全付清貨款為前提，這對進口商來說，相當於預付貨款，要積壓其資金。

(2)出口商可能偽造單據、假冒，收到品質差、價格貴的貨物。

 ## 四、交單付現方式貿易風險的規避方法

1.對出口商而言

(1)匯款可以隨時撤銷，所以匯款在尚未被出口商支取之前，匯款人隨時可通知銀行將匯款退回。因此，出口商收到匯入銀行（代理商）匯款通知後，應盡速交運貨物，並盡快向匯入銀行（代理商）提示貨運單據憑以收取貨款，以防貨物已交運而匯款卻被撤銷。

(2)出口商須提示的單據，一般只要發票和運送單據，即可憑以證明匯款通知上所規定貨物已裝運。其他單據則視進口商需要或不同進口國別地區而定。因此出口商不必等全部單據備齊再交單收匯。

(3)運送單據（尤其是海運或複合運送時）上的收貨人應採取託運人指示 (To Order of Shipper) 方式，勿採以買方為收貨人的 Straight B/L

（即 To...(Buyer)）。

2.對進口商而言

(1)為防止單據偽造、假冒及所收貨物品質拙劣，應對出口商的信譽有所了解，若信用差，則不適用此方式。

(2)要求提供公證公司所出具的檢驗證明書。

五、適合交單付現方式貿易的情形

1.對出口商而言

(1)只適於現貨交易和空運交易。假如收到匯款通知書後，須經過一段較長生產、備貨時間，則在提示貨運單據前，匯款可能已被撤銷。因此只適用於可快速交貨的現貨交易。

(2)以進口商信用良好者為限。

(3)交易貨物容易轉售。萬一被撤銷匯款，尚可轉售者為限。

2.對進口商而言

(1)為了減少資金積壓情形，一般只適用於現貨商品或空運商品交易。這樣進口商可迅速取得貨物、資金易於周轉。

(2)對出口商信譽，應有相當了解及信任以防進口商偽造貨運單據，假冒及交運品質惡劣貨物，致錢貨兩空。

六、交單付現方式貿易契約重要條件的約定

1.價格條件

(1)計價時應考慮收匯期間利息因素。

(2)原則上按 CIF 或 CIP 條件交易。

2.付款條件

(1)透過銀行時：

Payment: Net cash in exchange for shipping documents in Taipei thru Bank of Taiwan.

(2)透過代理人（保兌商號）時：

　　Payment: Net cash against documents payable in Taipei thru ×××
　　confirming house.

3.應提供單據及份數

　　(1)單據種類。

　　(2)單據份數。

4.交運時間

　　約定收款匯款通知書後×××天內裝運。

 **交貨付現方式貿易**

 一、交貨付現方式貿易的意義

　　所謂「交貨付現」(Cash/Collect on Delivery, COD) 方式貿易，又稱「貨到付現」方式貿易。是指賣方（出口商）先將貨物運出，貨物運抵目的地時，買方（進口商）須將貨款全部交付賣方或其代理人，才能取得貨物。這種交易方式多用於國內貿易。例如郵購或目前流行的網購或電視購物頻道，即常採用交貨付現方式貿易。在美國國內貿易，賣方常將貨物交給鐵路、卡車或航空公司等運送人運送貨物給買方，同時委託其向買方收取貨款。俟收妥貨款後，才將貨物交予買方。在國際貿易上使用這種交易方式的情形並不多見，僅偶爾出現於空運的交易。例如貴重商品（鑽石、精品等）的交易數量較少時，賣方可將貨物交給航空公司運送，並委託其收到貨款時才交貨。俟貨物運抵目的地機場後，航空公司即通知買方前來付款提貨。航空公司則將收妥的貨款匯付給賣方。

　　IATA（國際航空運輸協會）自 1980 年取消交貨付現的作業規則後，大多數航空公司已不接受交貨付現託運貨物的運輸。但一般空運公司 (Air Cargo Company)，又稱航空貨運承攬業者 (Air Cargo Forwarder)，尚提供這

種服務。詳情請洽詢航空貨運承攬業公會。

　　交貨付現與交單付現相似，交單付現為憑「單據」付現，而交貨付現為憑「貨物」付款。

二、交貨付現方式貿易的流程

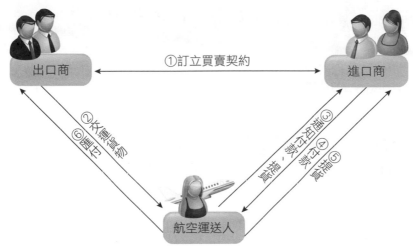

♦ 圖 2-4　交貨付現 (COD) 貿易方式作業流程圖

說明：

　　①進出口商訂立買賣契約，約定以交貨付現方式交易。

　　②出口商交運貨物。

　　③航空運送人通知進口商前來付款、提貨。

　　④進口商交付貨款。

　　⑤航空運送人交出貨物。

　　⑥航空運送人將貨款收妥匯付出口商。

三、交貨付現方式貿易的利弊

1. 對出口商而言

　　只要按買賣契約規定按時交貨，原則上可收到貨款，但是假如進口商

不依約付款、提貨，則將遭遇麻煩，甚至可能因為無法收到貨款而發生重大損失，所以信用風險較大。

2.對進口商而言

與「一手交貨、一手交錢」的面對面交易情形相同，對進口商而言，可說很有利。

 ## 四、交貨付現方式貿易風險的規避方法

1.對出口商而言

(1)信用風險的規避：進口商必須為信用卓著、已有多年往來，且都能按時付款者，才可以交貨付現方式貿易。

(2)外匯風險：目的地國家未實施外匯管制、資金移轉無問題，才可以交貨付現方式貿易。

2.對進口商而言

雖屬「一手交貨、一手交錢」交易，但本質上是「先運後付」，交貨付現方式貿易對進口商而言無特別風險。

 ## 五、適合交貨付現方式貿易的情形

1.對出口商而言

(1)限於進口商信用卓著者。

(2)目的地國家無外匯管制。

(3)有航空公司同意提供代收貨款服務。

(4)限於貴重商品（鑽石、精品等）且數量少者。至於易腐爛、不易保存者，不宜採用交貨付現方式貿易。

2.對進口商而言

對進口商而言，交貨付現方式貿易是很有利的交易方式，但仍以出口商信譽良好者為限。另外，可要求出口商提供專業檢定公司所出具的品質證明文件。

六、交貨付現方式貿易契約重要條件的約定方式

1.價格條件

原則上按 DDP 條件交易（採 Arrival Contract）。例如法國精品商向臺北進口商報價時：

Price: $1,000 per pc. DDP Taipei.

2.交貨條件

Delivery: To be delivered by airlift on or before Oct. 10, 20– at（地址）in Taipei.

3.付款條件

Payment: COD/Cash on delivery/Collect on delivery/Net cash against delivery of goods.

4.保險條件

Insurance: Seller's care.

除了一般貨物運輸保險外，出口商宜加保：

⑴協會航空貨物保險 (ICC(Air))。

⑵協會航空貨物兵險 (IWC(Air Cargo))。

 **第四節 記帳方式貿易**

 一、記帳方式貿易的意義

又稱記帳買賣 (Open Account Sale, O/A Sale)，是「先運後付」的一種交易方式。依此方式交易時，買賣雙方訂立買賣契約約定：

⑴賣方將貨物運出，並將貨運單據逕寄買方，俾其於貨物抵達目的地時可報關提貨。

⑵貨款則由賣方以應收帳款科目列帳記入買方名下帳戶的借方。

⑶於約定賒帳期間 (Credit Period) 屆滿時，由買方將貨款匯付賣方。

上述方式的交易稱為記帳貿易。也有人稱為賒銷 (Sale on Credit) 或賒帳 (Sale on Account) 或 Open Book Charge Account 方式貿易。

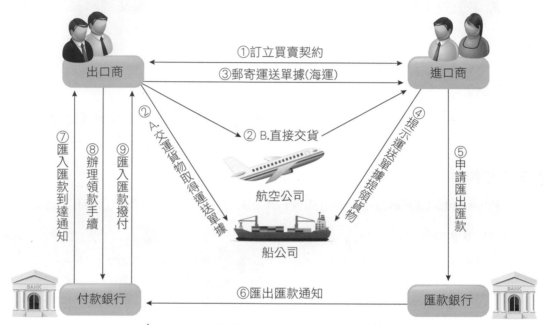

🔺 圖 2-5　記帳 (O/A) 貿易方式作業流程圖

說明：

　　①進出口商訂立買賣契約，約定以記帳方式交易。

　　②A.海運方式：依約交運貨物取得運送單據。

　　　　B.空運方式：依約直接交貨。

　　③海運方式者，出口商將運送單據逕寄進口商。

　　④進口商收到運送單據憑以提領貨物。

　　⑤進口商於約定到期日 (At Maturity) 到銀行申請匯款。

　　⑥進口地匯款銀行電匯至出口地付款（通匯）銀行，請其付款給出口商。

　　⑦付款銀行通知出口商前來辦理領款手續。

　　⑧出口商辦理領款手續。

⑨付款銀行將匯入匯款撥付出口商。

記帳方式貿易的風險，較信用狀、託收方式交易大，買賣雙方需有高度的信任 (High Degree of Trust)、長期正常的業務往來以及進出口國間貨物移動無限制為要件，否則不宜貿然進行。

二、記帳方式貿易日益受歡迎的原因

記帳本來只是一些國家（如美國、英國等）國內或歐盟國家之間流行，但近年來由於下列原因，記帳方式貿易乃隨之而興起：

⑴買方市場：市場勢力由賣方移轉到買方手中，買方常要求以約束力較小、付款期間較具彈性的條件來付款。

⑵大部分已開發國家貿易自由化，國際間貨物移動限制減少。

⑶產品壽命週期縮短：賣方為加速出清貨品，減少資金積壓或變成呆貨，對於壽命較短產品（例如電子產品），在價格無法再降低的情形下，以付款條件較寬鬆的記帳來吸引買方。

⑷買賣雙方的彼此信任 (Trust)：由於國際資訊與交通的發達，買賣雙方距離縮短，相互了解更深，更信任對方，從而建立良好的長期合作關係，放心以記帳方式維持往來。

⑸節省交易成本：信用狀交易成本較高，單據製作繁瑣，乾脆改用記帳方式貿易，藉以節省交易成本，簡化、加速交易過程。

⑹風險轉嫁方式及銀行金融制度的日益完整，包括遠期外匯操作、付款擔保信用狀、Factoring 及輸出保險制度的運用。

⑺專業徵信機構的徵信效率提高。

以目前來說，在高科技產品（尤其是電子產品）的貿易中，記帳已成為國際貿易交易方式的主流。

三、記帳方式貿易的種類

1.依賣方債權是否確保分

(1)買方提供擔保的記帳：例如買方提供擔保信用狀、銀行保證函。

(2)買方未提供擔保的記帳：即買方未提供任何擔保。

2.依記帳帳戶開立方式分

(1)單機制記帳：即應收帳款帳目由賣方設立帳戶記帳。

(2)雙機制記帳：即由賣方及買方就應收、應付帳款設立帳戶記帳。

3.依買賣雙方是否位於同一國家分

(1)國內記帳 (Domestic O/A)：例如我國國內廠商之間的記帳。

(2)國際記帳 (International O/A)：即出口商與進口商之間跨國的記帳。

 ## 四、記帳方式貿易的利弊

1.對出口商而言

(1)利：

①手續簡化、節省交易成本。

②具競爭力，易於開拓市場，可排除以價格為競爭手段的對手，以獲取潛在或現存的市場機會，尤其適合爭取初次交易者 (It may be the better means to encourage the buyer to trade initially in order to build a more lasting trading relationship which could result in increased sales, using other method of payment)。

③單據製作 (Documentation) 簡單。

(2)弊：

①信用風險大：按此條件交易時，收到貨款之前，完全喪失對於貨物的控制權。

②現金流動風險大：若放帳期間 (Credit Period) 較長，則資金凍結，影響現金流動性。

③匯率變動風險：若放帳期間較長，匯率變動風險難免。

④政治風險：若進口國實施外匯管制或發生內亂暴動……，則資金移轉可能發生問題 (transfer of funds being blocked due to political condition)，或因外匯缺乏致遲延付款 (delay in availability of foreign exchange)。

　　⑤轉嫁風險成本較高：若利用應收帳款收買業務 (Factoring) 或輸出保險，則其費用將超過交易金額 1% 以上。

2.對進口商而言

　⑴利：

　　①資金周轉便利：買方可先處分或出售貨物，以其所得用來支付賣方貨款。

　　②信用風險低：賣方交貨後經過一段時間，買方才付款，可免詐騙。

　　③費用低廉：手續簡便，免用信用狀節省銀行費用。

　⑵弊：

　　①若付款期間較長，匯率變動風險難免，但可提早結匯。

　　②賣方可能將利息及其他風險轉嫁成本灌入貨價，致售價可能抬高。

 ## 五、記帳方式貿易風險的規避方法

　　記帳交易的風險，主要在賣方這一邊。因此對賣方而言，其規避方法如下：

1.信用風險的規避方法

　⑴加強徵信，做好信用管理 (Credit Management)：除透過往來銀行徵信外，可委請信用卓著的專業徵信機構 (Credit Agency; Credit Reporting Agency) 詳查買方信用。否則很可能錢貨兩空。

　⑵加強帳款催收：建立健全催收制度。

　⑶注意對方市況的變化。

　⑷必要時，要求買方提供擔保信用狀 (Standby L/C) 或銀行保證函 (Bank Letter of Guarantee)，並規定買方不履約付款時，賣方可憑以兌款。

　⑸設定最高信用額度 (Limitation of Credit Line) 及交運限額 (Shipping

Limit)❶。

⑹轉嫁風險:

　①投保輸出保險（詳詢中國輸出入銀行）。

　②安排應收帳款收買業務 (Factoring)，將債權轉讓給承購商 (Factor)

　　（詳詢本地銀行）。

2.現金流動風險 (Risk of Cash Flow) 的規避方法

⑴自籌所需資金。

⑵安排銀行融資。

⑶投保輸出保險，憑以辦理融資。

⑷安排 O/A Factoring，請承購商 (Factor) 提供所需資金。

⑸按資金鬆緊程度，設定每個月的賒帳額度。

3.匯率變動風險的規避方法

是否需進行避險？避險管道如何？避險方式的選擇（成本、可行性）？

如賒帳期間較長、匯率變動大、本國幣有升值趨向時，應考慮預售外

匯，或以其他方法避險。

4.政治風險的規避方法

⑴進口國社會、政治不穩定者，避免以記帳方式貿易。

⑵可投保輸出保險。

六、適合記帳方式貿易的情形

對出口商而言，以下情形均可考慮以記帳方式貿易:

⑴公司內部交易 (Inter-company Transaction): 即國內外母子公司、附

　屬公司關係企業或跨國公司之間的交易。

⑵進出口商之間已有長期、經常往來，對進口商的信用、財務狀況已

　有深刻了解。

⑶供應鏈體系 (Supply Chain Management, SCM) 內上中下游廠商經常

❶　交運限額指在一確定期間（正常為 1 個月）內，交貨的限額。

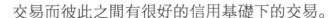

交易而彼此之間有很好的信用基礎下的交易。

⑷全球運籌管理 (Global Logistics Management, GLM) 體系間的交易（企業的整個物流或供應鏈跨越國境，即形成所謂的全球運籌管理體系）。

⑸進口國政經穩定，無外匯管制，資金移轉不致發生困難。

⑹面臨買方市場 (Buyers' Market) 眾多競爭者，為提升競爭力，可以記帳方式貿易，以對抗惡性削價。

⑺出口商有充分的現金流動性，或可獲得廉價融資，以因應較長期的賒銷條件 (If seller has sufficient liquidity or access to outside financing to extend deferred payment terms)。

⑻迫切作成生意或急於開拓市場，尤其推出新產品試探市場反應時可採用記帳方式貿易。

⑼進口商願意提供擔保信用狀或銀行保證函以保證付款，或可以較佳條件安排記帳、應收帳款收買業務 (Factoring) 或輸出保險時。

⑽進口國金融體系穩健，財務資訊透明。

⑾有些鮮活貨品，如雞、鴨、魚、鮮花、蔬菜等交易因注重時間性，採用活鮮隨到隨出，提單隨船一併交進口商，從而可以迅速提貨，不致積壓，並按實際收到數量及品質，匯付貨款結算。

 七、記帳方式貿易契約重要條件的約定

1.信用額度的約定

⑴信用額度及控制：例如以 US$1,200,000 為限。

⑵借貸期限的長短：例如六十天、九十天、一百二十天。

⑶借貸期限的起算日：請參閱本項「付款條件的約定」部分。

⑷提早付款的優待：

　　①按提早日數以年利×××% 給予扣款。

　　②按提早日數給予×××% 折扣。

(5)逾期付款時：按×××% 利率付息、停止交易、改變付款方式。

2.價格條件的約定

(1)計價幣別最好用美金、歐元等貨幣。

(2)記帳方式的貿易，其計價應考慮的因素有：

　①放帳期間利息成本。

　②風險轉嫁成本：包括匯率風險成本或輸出保險費等。

　③徵信費用。

　④其他。

就第①項而言，例如自裝運（船、機）日至收到匯款的期間乘以利率（按 SIBOR 或 LIBOR❷等），即可得利息，並將其列入售價因素之一。

$$估計利息＝〔買賣價格×（賒帳日數＋匯款期間）÷365〕×年利率$$

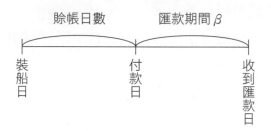

以上是以 B/L Date 後若干天（例如三十天、六十天）付款為例，若約定以 "××× days after cargo arrival" 為條件時，尚須加計航海（空）日數。

3.付款條件的約定

記帳方式貿易的付款條件約定方式有下列幾種：

(1) O/A, payment to be made within (at) 60 days after on-board B/L date by T/T remittance to our account No. ＿＿＿＿＿＿ with Bank of ＿＿＿＿＿＿ .

(2) O/A, payment in full shall be effected at (within) 90 days after invoice date by T/T remittance to our account No. ＿＿＿＿＿＿ with Bank of ＿＿＿＿＿＿ .

(3) O/A, payment in full to be effected at (within) 30 days after cargo arrival at destination

---

❷　SIBOR：Singapore Interbank Offered Rate，新加坡銀行間拆款利率。

　　LIBOR：London Interbank Offered Rate，倫敦銀行間拆款利率。

port in _____ .（採用 DDU 時）

(4) O/A, deferred payment by cable remittance to shipper's account No. _____ with _____ Bank _____ Branch in _____ , remittance to be made within 10 days after receipt of cargo (shipping documents).（採用 DDU 時）

(5) The buyer unconditionally undertakes and guarantees to the seller that all O/A amount payable to the seller at maturity as set out in this contract of sale shall be promptly observed and pay in full when due to the seller account No. _____ with Bank of _____ (address: _____) and quoting the relevant Order Numbers for identification.

(6) O/A payable at 30 days after the date of presentation of shipping documents by T/T remittance to our account No. _____ with Bank of _____ .

(7) Payment is to be made by remittance to our account No. _____ with _____ Bank _____ Branch, _____ , upon your receipt of the goods.

(8) Payment shall be effected within _____ days after receipt of the shipping documents stipulated under clause of this contract.

此外可藉折扣 (Discount) 誘引進口商提前付款，例如可約定 "2% discount for within 10 days after B/L date"。

(9) If payments is made before the maturity date interest (at 5% p.a. _____ days of earlier payment) may be deducted the O/A amount payable to seller.

4.應提供單據及份數

(1)宜約定賣方應向買方提供的單據及份數。

(2)寄單時間：例如約定交運×××天內寄出單據。

(3)寄單方式：通常以快遞方式逕寄買方。

5.保　險

無論以 C&I、CIF、CIP 或 DDP 條件貿易均宜投保全險 (All Risks) 及兵險。

6.付款保證

如進口商信用不是很理想時，可另外要求提供長期（如 1 年）的擔保信用狀以保證萬一進口商拒付時，出口商可憑信用狀提款，或另行投保輸

出保險。

　　付款保證函（擔保信用狀）是銀行應進口商要求向出口商出具的一份書面保證文件，保證在出口商交運有關貨物或技術資料後，進口商一定履約部分或全部付款責任，否則，就由保證人（銀行）在收到出口商索償通知後償付出口商應付的全部款項。在付款保證函項下，保證人的責任隨進口商或保證人已償付的金額相應遞減。以下為付款保證函（擔保信用狀）例示：

Payment Standby L/C

（國內廠商以 O/A 方式出貨，國內廠商為擔保信用狀的受益人。）

開狀銀行以 SWIFT MT799 簽發

Sender ： **Barclays Bank PLC**

　　　　　　New York, USA

Receiver ： **OOO Commercial Bank**

　　　　　　Taipei, Taiwan

--------------------------------Message Text--------------------------------

20: 　 Transaction Reference Number

　　　 IMST6000328

21: 　 Related Reference Number

　　　 SBLC

79: 　 Narrative

Applicant: 　 AAA Import Industrial Company, 66 Wall Street, New York, N.Y. 10005, USA

Beneficiary: 　 BBB Export Corporation, No. 2, Chung Shan North Rd., Section 7, Taipei, Taiwan

We hereby issue our irrevocable Standby Letter of Credit number IMSTLC–789 in favor of... BBB Export Corporation, No. 2, Chung Shan North Road, Section 7, Taipei Taiwan...for USD800,000.– (US Dollars Eight Hundred Thousand only), as payment undertaking under the contracts executed by and between Applicant and Beneficiary.

This Standby L/C is available **by negotiation** against beneficiary's drafts at sight drawn on Barclays Bank PLC, 222 Broadway, New York, N.Y. 10038 USA accompanied by the following document.

Beneficiary's Statement stating that AAA Import Industrial Company has failed to fulfill the contractual obligations under the underlying contract No. _____ because the proceeds of delivery was not paid on due date.

Partial drawings and multiple presentations allowed.

Notwithstanding any other provision of this letter of credit, this credit expires on Sept. 17, 20– (one year from issuance), at the counter of _____ (the issuing bank), **and** shall be **automatically extended**, without written amendment, to Sept. 17, in each succeeding calendar year.

In the event that the issuing bank elects not to renew this letter of credit beyond the subsequent expiry date (Sept. 17), the issuing bank must advise the advising bank by authenticated SWIFT not later than 60 days prior to the current expiration date.

All Banking Charges including reimbursement fee are for account of beneficiary.

We engage with **drawers**, **endorser**, **bona fide holders** of draft(s) drawn and negotiated under and in conformity with the terms of this L/C will be duly honored by us on/before the expiry date. This Standby is subject to **ISP 98**, ICC Publication No. 590, 1998.

【註】

一、本 Standby L/C 中有關有效期限部分，載有自動展期的條款，一般稱為 Evergreen Clause，值得注意。類似的條款還有：

- This Standby L/C shall be automatically renewed for one year, from the expiry date hereof in the event that we do not give you 60 days' notice prior to the current expiry date that it will not be renewed.
- This Standby L/C shall be automatically renewed itself, without written amendment, on each successive calendar year unless we send written notice that we have elected not to renew it beyond the current expiry date.
- This Standby L/C shall be automatically extended without amendment for one year, from the expiry date hereof or any subsequent expiry date, unless at least 30 days prior to the current expiry date we notify you by authenticated SWIFT that we elected not to extend this Standby L/C beyond the current expiry date.

二、利息：如對於未付款 (Unpaid Value) 部分擬收取利息，則可規定在信用狀保證金額之外，並支付利息，例如：

"...We undertake to effect such payment to the extent of the guaranteed amount for the unpaid value, plus interest at...% p.a. calculated as from（日期）to（日期）.

三、生效時間：

This payment Standby L/C shall become effective from the date when the applicant receives the goods specified in the contract from you.

八、所有權保留問題

國際商會以 No. 501 出版物發行 *Retention of Title* 一書詳述 35 個國家對於「所有權保留條款」(Retention of Title Clause) 的法律效果，讀者可參閱該書。

 九、記帳與承兌交單的比較

項 目 說 明	記 帳	承兌交單
有無匯票	無	有
單據流程	逕寄買方	透過銀行
銀行費用	無	約 0.1%
交易風險	較大	較小
債權形式	應收帳款形式，雙方權義適用民法	應收票據形式，雙方權義適用票據法

 十、記帳與資金融通

1.銀行融資

向中國輸出入銀行投保「記帳方式輸出綜合保險」、「全球通帳款保險」或「國際應收帳款輸出信用保險」，然後憑保險單向銀行申請融資事宜。

2.安排應收帳款承購業務 (Factoring) 融資

交易前先洽應收帳款收買商 (Factor)，例如法國興業銀行、第一商銀、渣打銀行等，簽立「應收帳款收買契約」（名稱不一，以前中租迪和公司用「應收帳款受讓管理合約」名稱）。出口商出貨後即可將應收帳款債權讓與應收帳款收買商，獲得融資。

第五節 寄售方式貿易

一、寄售的意義

寄售 (Sale on Consignment) 又稱為寄銷。在國際貿易中,寄售乃指出口商為開拓銷路,先將貨物運交國外商號,委託其伺機代為銷售。貨物售出後才將貨款按約定扣除佣金後匯交出口商的交易。

受託代銷的國外商號稱為受託商、代銷商或承銷商,英文稱為 "Consignee"。受託商就其代銷行為,向寄售商酌收佣金。上述寄售的出口商又稱為寄銷商、寄售商、委託商或貨主 (Principal)。

在寄售貿易,受託商只不過是代理他人銷售商品,從中賺取佣金的商號。所以,本質上,為佣金商 (Commission Merchant) 的一種。從法律上而言,寄售是一種委託行為,而寄售商 (Consignor) 與受託商之間的關係是一種委任與代理的關係,而不是買賣關係。因此,寄售貿易應受委任、代理以及行紀等有關法律的拘束。

寄售並非普通的銷售,兩者的區別為:普通銷售,先有訂貨或先訂有買賣契約,而後將貨物運出,商品所有權乃由賣方移轉給買方;至於寄售,未有訂貨或未訂有買賣契約 (換言之,尚未有買主),即將貨物運出,貨物在受託商未代售出之前,其所有權仍屬於寄售商。此一區別甚重要,因為:

(1)寄售是一種委託買賣。寄售商是委託人,代銷商是受託人。代銷商只能根據寄售商的指示代為處置貨物,在貨物銷售之前所有權仍屬寄售商。

(2)寄售並非出售,故商品轉移行為並未產生利潤,而且受託商未將貨物售出前,寄售商無任何價值的獲得。

(3)貨物所有權仍屬於寄售商所有,所以,寄售貨物仍是寄售商的存貨。

(4)萬一受託商破產,寄售商仍可收回寄售貨物,受託商的債權人,對

此寄售貨物不能主張權利。

(5)寄售的一切運輸、保險、雜費及佣金均由寄售商負擔，從售款內扣除。

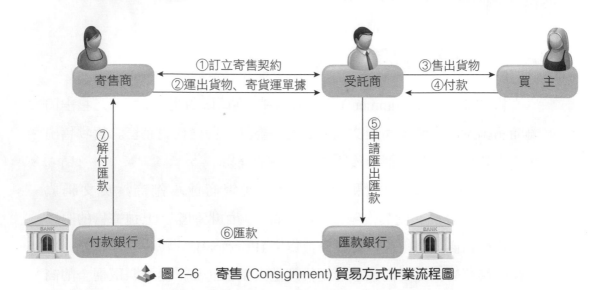

圖 2-6　**寄售** (Consignment) **貿易方式作業流程圖**

說明：

①寄售商與受託商訂立寄售契約。

②將貨物運交給受託商，並將貨運單據寄給受託商。

③受託商將貨物售給買主。

④買主將貨款付給受託商。

⑤受託商向匯款銀行（匯出銀行）申請匯款。

⑥匯款銀行（匯出銀行）匯款給付款銀行（匯入銀行）。

⑦付款銀行（匯入銀行）將匯款付給寄售商。

 ## 二、寄售方式貿易的種類

㈠以貨物出售時間可分為

1. 到貨後銷售 (Sales on Arrival)

或稱為現貨銷售 (Spot Sales)，即貨物運抵目的港後，才報價出售。

2.運送途中銷售 (Sales Afloat)

即貨物在運送途中未抵達目的港之前，報價出售，也即俗稱的「賣路貨」。

通常所指的寄售大都指第一種方式而言。

㈡以售價是否有限價可分為

1.有限價或最低售價的寄售

即寄售時規定最低售價，英文稱為 "Consignment with Lowest Price Limit"。對於有限價的寄售貨品，寄售商於委託時，應明確規定限價，並註明含佣價抑或淨價。限價決定後如有變更，應以電傳通知。所謂限價即受託商在此價格之上可任意出售，不必請示，但限價並不限制受託商向寄售商建議減低限價。故在市況欠佳時，仍可商榷減價，只是低於限價時受託商不得自由處置而已。同樣地，在市價上漲時，寄售商當然希望以較高價格出售，在此場合，也可通知提高限價或限制出售數量。

2.無限價的寄售

即受託商得按市價自由代為沽出，不加以限價，也即自由作價，隨行就市，英文稱為 "Consignment without Price Limit"。所謂自由也者，並非漫無限制，至少最低售價應與當時市價相當。總之，受託商應盡力保障寄售商的利益。

以上二種方式，通常只適用於「現貨銷售」，至於應採那一方式，須視商品性質、受託商信用如何而定。

3.銷售前須徵得同意的寄售

銷售前須徵得寄售商同意的寄售方式最富彈性、最常用。除適用於「運送途中銷售」，也用於「現貨銷售」。現貨銷售時，其交貨條件可以「由寄售貨中撥交」(Ex Consignment) 表示。受託商找到買主，獲得出價後，即電傳寄售商，徵求同意，經來電接受或確認後，才出售，或先將市況向寄售商報告，同時誘請其報價。

三、寄售方式貿易的利弊

1.對寄售商而言

(1)利:

①寄售是憑實物買賣,貨物與買方直接見面,有利於開拓新市場,推銷新產品,尤其適合產品性質為 Fast Moving Consumer Goods (Products)。

②有利於隨行就市,提高售價。即可根據國外市場需求情況,事先有計畫地在該市場存放若干待售的產品,以便在當地市場供不應求和價格上漲時,搶先賣出。

③有利於國外代銷商的行銷通路來推銷產品。在寄售方式下,代銷商既不需墊付資金,也不承擔貿易風險,所以資金不足的商家樂意積極為寄售商推銷產品。

④減少信用風險:寄售是委託銷售性質,產品所有權並未移轉,寄售人仍擁有處分權。因此,有些商人情願將其貨品以寄售方式運出,藉以保障貨款的安全性。

(2)弊:

①資金流動性風險:由於寄售是先運出後成交,不但出售前要墊付各種費用,而且一般要等貨物售出後才能收回貨款。因此,寄售商需墊付和積壓大量資金,以致影響資金的正常周轉。

②負擔費用多:寄售貨物出售前發生的一切費用支出,如運費、倉儲費、保險費、報關費、受託商的報酬及其他雜項費用,都需由寄售商負擔。

③承擔的貿易風險大:寄售商要承擔寄售貨物出售前的一切風險,包括:

・貨物在運送中和國外存倉期間的風險。

・價格(含匯率)變動風險。

- 貨物無法脫售的風險。
- 受託商資信不足，例如倒閉、破產、盜賣，以致收不到貨款。
- 進口地外匯管制以致貨款無法匯出。

2.對受託商而言

(1)利：

①可避免市價波動的風險：如商品易受到季節性影響，價格變動激烈者，為避免價格波動的風險，進口商只願以寄售方式從事代銷，而酌收佣金。換言之，即不負盈虧風險。

②可減免資金積壓風險：對於是否暢銷無把握的商品，進口商唯恐積壓資金，不願逕行購入，乃要求以寄售方法。由於商品脫售之前，無須支付貨款，自無資金積壓凍結情事。

③有代銷佣金的報酬：如促銷有功可獲得豐厚的報酬。

④費用較少。

(2)弊：寄售商為減輕寄售期間資金負擔，也有要求與受託商共同負擔資金者，即要求受託商同意於寄售商發貨後憑貨運單據押匯 60～70%。在此情形受託商可能會遭遇到意想不到的信用風險。另外寄售貨物的管理手續麻煩。

四、寄售方式貿易風險的規避方法

1.對寄售商而言

(1)關於資金流動性風險，也即資金被凍結風險，寄售商可情商受託商同意共同負擔資金積壓的困境。即要求受託商同意寄售商於發貨後，憑貨運單據辦理押匯 60～70%。在此情形下，受託商可要求較普通寄售更多的報酬。

(2)關於貿易風險的規避：在寄售方式貿易下，寄售商承擔風險大，寄售項下貨款能否順利收回，全靠受託商的代銷能力。因此，必須慎重選擇受託商，重視受託商的資信經營能力、作風等。如資信欠佳，

則宜避免採寄售方式交易。

(3)簽訂寄售契約前，應調查寄售地方的市場動態、供需情況、外貿制度和商業習慣等。

(4)要求受託商提供履約保證的擔保信用狀或履約保證。

(5)注意市況，要求受託商定期提供市況報告及售貨報告。

(6)不定期實施存貨檢查。

(7)適當掌握寄售貨物的數量。

總之，由於寄售是一種先運出貨物，後成交的貿易方式，寄售人負擔的風險較大，承擔的費用也較多。寄售人在貨物售出之前須墊付各種費用，要等貨物售出後才能回收貨款；並要負擔貨物出售前的價格變動風險，貨物不能脫售的風險以及受託人資信不良而造成的各種損失。因此，採取寄售方式交易時應注意下列問題：

(1)選擇可靠的受託人：這是採用寄售方式的關鍵問題。鑑於寄售的風險大，必須選擇經營能力強、資力雄厚、信譽良好的受託人。

(2)安排好適當的商品：寄售人應事先對市場進行研究和分析，選擇適當的商品，以保證寄售貨物的可銷。諸如：季節性強商品、活鮮、動物、易腐商品、價值小、體積大的商品，均不適寄售。

(3)適當掌握寄售貨物的數量：尤其是進入新市場或委託新客戶時，這點更為重要。最好先進行小批量試銷，摸清行情，再加以擴大。

(4)訂立合理的寄售契約和做好寄售管理：在寄售契約中，應對寄售貨物售價、貨款的收付方式、佣金的計算與支付、寄售貨物的保險、寄售期限以及寄售貨物的所有權問題作出明確的約定。為了保證寄售契約的實施，寄售人還應在售價、費用和收款等方面加強管理。

(5)縮短結算期限：結算期限盡量縮短，可減少寄售人的風險，加快資金周轉。

2.對受託商而言

就寄售交易下，受託商風險小，通常不必進行風險規避事宜。

五、適合寄售方式貿易的情形

對寄售商而言，下列情形均適合以寄售方式交易：

(1)寄售商與受託商有長期、密切的往來關係，受託商資力雄厚，經營能力強。

(2)雙方為母子公司關係、關係企業或跨國公司。

(3)為打開潛力雄厚市場鋪路。

(4)為新產品試銷，或展銷產品。

(5)推銷滯銷產品或次級剩餘貨物。

(6)資金雄厚，唯求可擴張銷路，資金凍結在所不計。

(7)產品為高消耗或耐久性消耗品。

 六、寄售方式貿易契約重要條件的約定

寄售與一般進出口貿易一樣，須事先協議交易條件。然而，寄售並非買賣，所以，寄售交易條件與買賣交易條件內容迥然不同。一般而言，寄售交易應協議的事項有：

1.契約名稱及前文

應標明為「寄售契約」(Agreement on Consignment)，以示其契約性質，令人一目了然。其當事人為「寄售商」(Consignor) 與「受託商」(Consignee)。茲舉一例於下：

AGREEMENT ON CONSIGNMENT

This Agreement is made and entered into this _____ day of _____, 20– by and between ABC Co., Ltd., a corporation duly organized and existing under the laws of China, with its principal place of business at _____ Taipei, Taiwan (hereinafter referred to as Consignor) and XYX Co., Ltd., a corporation duly organized and existing under the laws of _____, with its principal place of business at _____ (hereinafter referred to as Consignee).

IT IS HEREBY agreed and understood as follows:

2.交易性質

說明其為寄售交易，貨物所有權仍屬寄售商所有，危險也歸其負擔。並規定寄售貨物售出時，所有權由寄售商直接移轉給買方。例如：

> ・All shipments are to be made for account and risk of the consignor, that is, title to the goods or proceeds thereof, to remain in the said consignor, and the merchandise will at all times be subject to and under the direction and control of the said consignor, and title to the merchandise shall pass directly from the said consignor to such persons to whom the goods, or any part of them, shall be sold, in the manner and upon the terms set forth in agreement.
>
> ・All shipments are to be made on a consignment basis, and all quotations or estimations to be the CIF&C5 in US Currency.

3.寄售區域及寄售貨物項目

(1)規定寄售區域 (Territory)。

(2)列出寄售貨物項目。

4.保險事項

寄售貨物運送至國外受託商的運輸保險由寄售商負責，但運達寄售地後，寄售貨品未出售前，應投保火險。這種保險通常約定由受託商以寄售商名義投保，保費由寄售商負擔。至於由那一保險公司承保也應經寄售商的同意。例如：

> Such merchandise shall be insured at the expenses of consignor against fire risk, for the benefit and in the name of the consignor, with insurance company approved by the consignor.

5.約定寄售貨物售價的決定方式

(1)寄售貨物售價的決定方法：如前所述，寄售貨品售價的決定方法有三種：一為由寄售商限價；二為不限價，由受託商隨行市決定售價；三為銷售前先徵求寄售商的同意。

①在限價出售的場合：對寄售商而言，固然比較穩健，但因受到限價的束縛，貽誤商機。再者，受託商易誤以為該限價即為寄售商所希望的最高售價，只要按此價格出售，即功德圓滿，以致不再盡力爭取更高的售價。

②不限價出售的場合：受託商可在適當的時期、方法及價格出售，不必因須一一向寄售商請示以致貽誤商機，這是其優點。然而，其缺點為易被受託商所乘。如前述，寄售商如按運出價格押匯50～80％的場合，受託商為急於收回墊付的押匯款，可能會忽視寄售商的利益，等不及即將轉好的行市急急售出。更壞的是可能與買方勾結廉價出售，以飽私囊。因此，無條件授權受託商不限價自由出售的方式，應盡量避免。

③銷售前須徵得寄售商的同意：其缺點為受託商無法採取主動，招攬訂單時可能遭遇到困難。假如事事要請示，即使現在通訊很方便，但市場變化更快，以致易失商機。優點為不致被受託商所乘。

茲舉一、二例於下：

> ・Unless limits given, the consignee shall sell such merchandise at the best price obtainable in the market to such persons of good credit and business standing.
>
> ・All shipments to be sold by the consignee at the best price obtainable in the market, unless the consignee is specially instructed by the consignor to the contrary, the consignee is to use his own discretion in deciding when and at what price sales are to be made.

⑵在寄售交易，其計價應考慮的因素有：

①利息成本：預估寄售貨物售出回收貨款的時間以及利率。

②徵信費用。

③風險轉嫁成本：包括匯率風險或輸出保險費等。

④受託商的報酬（佣金風險）。

⑤寄售貨物運達目的地後銷售前可能發生的一切稅捐、倉租等費用。

6.關於押匯的約定

在寄售交易中，寄售商發送的貨物並非由受託商承購。所以，在貨物售出前受託商並無匯付貨款的義務。然而，對寄售商而言，資金融通上卻甚感不便。因此，現代的寄售交易，受託商為減輕寄售商的資金負擔，往往就像一般進出口貿易一樣，允許寄售商就寄售貨物預估售價的五成至八

成為限度先行押匯。這樣一方面寄售商可獲得資金周轉的便利，他方面因受託商的合作，可以使這種方式的交易繼續維持下去。

上述允許寄售商先行押匯的方法雖然對寄售商及受託商都有益處，但因寄售貨物的售得貨款，非到實際售出後無法確定。所以，如按預估計算的售價押匯，自非妥當。通常多以預估售價的五成至八成為押匯限額。至於餘款則俟寄售貨物售出後再結算。

寄售貨物的押匯，欲由受託商開出信用狀幾乎不可能。通常多由寄售商開出跟單匯票辦理託收。但是這種匯票的期限及條件又如何呢？託收有付款交單及承兌交單之分，就實際情形觀之，即期付款交單固然少見，就是遠期付款交單也不多，通常多採承兌交單方式。至於期限的長短，由雙方議定。綜上所述，關於押匯，宜就下列各點有所約定：

⑴是否允許押匯？

⑵如允許押匯，匯票期限多長？

⑶單據交付條件如何？付款交單？承兌交單？

⑷押匯金額為預估售價幾成？

茲舉例於下：

・The consignor is to draw on the consignee documentary draft at 90 d/s sight Documents against Acceptance for 75% of the CIF invoice value, which is to be based on the current market price ascertained by the consignee and cabled to the consignor.

・Drafts are to be drawn on the consignee at _____ days after sight Documents against Acceptance for _____ % of the CIF&C5 invoice value.

7.貨運單據交付方式

寄售交易下的貨運單據（含寄售發票）多約定由寄售商逕寄受託商。受託商收到單據後應出具收據交付寄售商。在允許押匯的場合則透過銀行交付受託商，銀行交付單據時，受託商應出具①收據 (Receipt) 和信託收據 (Trust Receipt, T/R) 表示借取單據；②保證函 (Consignee's L/G) 或銀行保證函，保證收到寄售貨物在寄售契約規定時間內將扣除代墊費用、佣金及押

匯款後的餘款匯付寄售商。至於貨運單據包括那些，也應明確規定。

8.匯付貨款的約定（即付款條件）

寄售貨物售出收到貨款後，受託商應將扣除代墊費用、佣金及押匯款後的餘款匯付寄售商。同時應將售貨報告寄交寄售商。貨款如何匯付，可約定類如下述條款：

> ・When sale has been consummated and payment received, the consignee shall remit by T/T to the consignor the net proceeds rendering Account Sale at the same time.
>
> ・Terms of payment: Payment shall be effected by T/T or M/T immediately after sale of goods.
>
> ・Terms of payment: Payment against goods shipped on consignment.（可以押匯時）

上述第一例是約定以電匯 (T/T) 方式匯付貨款。如用票匯 (D/D) 時，可用 "By Banker's Demand Draft" 字樣，此外，也可用信匯 (M/T)。

9.佣金的約定

寄售貿易中，受託商只不過是代理商，受託商以其服務換取報酬（佣金），換言之，受託商是以 "Commission Basis" 為寄售商服務。所以佣金的多寡乃為受託商所最關心。受託商代理銷售的佣金通常按銷售總額的百分之若干計算。至於此項佣金率通常雖按進口地市場的習慣來決定，但無論如何，在寄售契約中應事先加以約定，以免事後發生爭議。例如約定：

> ・As remuneration for the service of the Consignee, Consignor engages and agrees to pay commission to Consignee at the rate of 5% of the selling prices besides all charges, such as: wharfage, cartage, customs' brokerage, storage, etc. However, Consignee shall bear the cost of cable, correspondence and office expenses paid by him.
>
> ・Consignee's commission to be _____ % of the selling price, excluding all charges, such as: wharfage, landing charge, customs' brokerage, etc.

10.付款保證

在寄售交易中，如受託商以自己名義為寄售商的計算而出售貨物，則受託商在法律上的地位是行紀人 (Factor; Commission Merchant) 性質。在此場合，雖然一般仍稱為代理商 (Agent)，但與我國法律上所稱之代理不同。行

紀乃「以自己之名義，為他人之計算，為動產之買賣或其他商業上之交易，而受報酬之營業」（民法第 576 條），經營行紀者稱為行紀人。上引條文中「自己」即為寄售貿易中的受託商，「他人」即為寄售商，依我國及日本等法律，如買方不付款，原則上應由行紀人（在寄售交易中為受託商）負賠償之責。（民法第 579 條規定：「行紀人為委託人之計算所訂立之契約，其契約之他方當事人不履行債務時，對於委託人，應由行紀人負直接履行契約之義務。但契約另有訂定或另有習慣者，不在此限。」）在代理的場合則不然，例如 Selling Agent 是代理委託商買賣商品為業，原則上不對本人保證貨款的支付，也不對買方保證貨品的交付。這是行紀與代理根本不同之處。

然而，在寄售貿易，即使是採行紀方式，通常受託商都不負責貨款的支付，何況在歐美國家，即使以 Factor 身分交易，在法律上，收款固然是受託商份內之事，但其風險仍由寄售商負擔，受託商對於買方的不付款並不負責。所以，在成交時，受託商每每將顧客名字通知寄售商。由於各國法律、習慣均不相同，而寄售商又身在異地，顧客信用不明，則寄售商所冒風險未免過大。因此，在國際交易中的寄售，寄售商為安全上的考量，常與受託商締結「保信契約」（Del Credere Agreement），約定由受託商保證買方的償付能力。萬一買方不能清償貨款，則由受託商負責代付。在此場合，寄售商應給付原定佣金外，尚須支付額外佣金，這種額外佣金稱為「保信佣金」（Del Credere Commission）。其數額於契約中訂定。

受託商對於寄售貨物的銷售應盡善良管理人的注意，選擇顧客固然應盡善良管理人的注意，但是信用良好的顧客也有因偶然事故致倒閉破產的情形。並且即使受託商已盡相當的注意選擇顧客，也難免有錯誤的情事。因此，如有保信契約，則萬一發生呆帳情事，也不致因責任歸屬問題發生糾葛。例如：

> Consignee undertakes to indemnify consignor if the latter, owing to the insolvency of the buyer or analogous cause, is unable to recover the purchase price. But consignee is not responsible if a perfectly solvent buyer refuses to pay the price on the ground that consignor has

not duly performed the contract. In this connection, consignor shall allow consignee extra 0.5% commission of the selling price.

11.費用負擔的約定

　　寄售貨物運達目的地後售出前發生的一切稅捐、倉租、保險費等究由何方負擔，應於契約中規定。就實際情形而言，這些費用都由寄售商負擔，但卻由受託商先墊付，貨物售出收回貨款時，從貨款中扣回。但也有另向寄售商收回者。例如：

Consignee shall pay landing charges, duty, cartage, warehousing costs and insurance on account of the consignor and shall recover these by debiting the consignee in current account.

12.利息及交互計算的約定

　　受託商於寄售貨物出售後，雖須向寄售商造送售貨報告，但是貨款並非一定要立即匯付。因此，從收到貨款之日起至匯付日之間應計算利息，並於匯付貨款時一起匯付寄售商。然而，在多數的情形，寄售貨物的卸貨通關費用、進口稅捐、倉租、火災保險都由受託商墊付，有時受託商尚且先墊付貨款。對於這些墊付款所生的利息，受託商自有權向寄售商請求。

　　上述當事人間的債權、債務的結算，可以「交互計算」(Account Current)方式，互相抵銷，而就其差額匯付。在此場合，自應就利率及其他有關交互計算的事項作必要的約定。

13.稅捐問題

　　寄售貨物時應注意寄售地的法律規定。有些國家將寄售行為視作寄售商在該國直接從事商業行為，而課徵稅捐。這種營業稅捐究應由何方負擔，也宜規定。

14.存貨檢查權

　　可約定寄售商有權隨時檢查存貨數量，或得請第三者代表寄售商就地檢查。例如：

Consignor has the right to check the stock or to cause the stock to be checked at any time.

15.受託商的義務

⑴隨時向寄售商報告有關寄售貨物市況：受託商應「受人之託，忠人之事」，忠實地為寄售商辦事，並隨時將寄售情況向寄售人報告。例如：

> Consignee engages and agrees faithfully to report to the said Consignor, whenever so requested, the actual position to the consignment.

⑵妥為保護寄售商對於寄售貨物的所有權。例如：

> Consignee engages to take all necessary steps to safeguard Consignors' right of ownership of merchandise consigned.

⑶在進口地辦理貨物存入海關保稅倉庫事務，寄售貨物運抵進口地後，視情形由受託人洽辦貨物存入海關保稅倉庫 (Bonded Warehouse)，並取得保管單，以保稅倉庫內交貨條件洽銷寄售貨物。於貨物售出後，由買受人繳稅報關提貨。若在期限內無法售出，則將貨物安排運回或轉運他地銷售。

⑷不得質押寄售貨物：寄售貨物的所有權為寄售商所有，非經寄售商同意不得將寄售貨物質押他人。例如：

> · Consignee undertakes that no charge, or lien, shall be created on the goods so consigned.
> · Consignee shall not pledge or otherwise charge the consignment as security.

以上乃就寄售貿易中有關主要條件敘述，如雙方就各項獲得協議，應即作成寄售契約書，各執 1 份，以供雙方有所遵循。當然，其他有關一般事項，諸如契約有效期間、商情報告、貿易條件 (Trade Terms)、準據法、仲裁、法院管轄、推銷 (Sales Promotion)、不可抗力等條款，也應在契約中加以記載，以求完備。

此外，寄售契約中也可將「最高寄售量額」及「每批發貨最高量額及最後一批發貨期限」訂明。其約定方式類如下列：

> · Maximum quantity of commodities to be consigned:
> Consignor undertakes to supply Consignee with the maximum quantity of the

commodities to be shipped shall be more or less 10,000 sets.

‧ Maximum quantity of commodities in each batch and date of shipment for the last batch:

Consignment will be scheduled by consignor, about once a month and each shipment will not exceed _____ sets or US$_____ in value.

 七、寄售發票的繕製

向國外受託商發貨時，與普通出口一樣，須繕製商業發票給受託商，這種發票特稱為「寄售發票」(Consignment Invoice)，為預約發票的一種，其格式與普通出口的銷售發票大致相同；價格部分，不論是限價或不限價，均填上預定售價（或參考價格），只有發票首文 (Heading) 所加「寄售」字樣，與普通銷售發票不同。例示如下：

		Consignment Invoice		No. 100 Date _____
INVOICE of twenty-five (25) cases Taiwan Green Tea shipped at Keelung per S.S. "President" to San Francisco and consigned to Adam Smith & Co., Ltd. for account and risk of the undersigned:				
Package & Marks	Commodity Description	Quantity	Unit Price	Total Price
				Taiwan Trading Co., Ltd.
				(Signature)

寄售發票上所載價格通常包含應付受託商佣金在內，所以貿易條件通常以 CIF&C 或 In Bond 條件表示（例如 US$500 per kg. in bond Kobe），在不限價的場合，則以委託商所希望的銷售價表示。這種價格，僅供受託商決定售價參考之用而已。

八、貨款的收取

寄售貨品金額不大時，寄售商通常多不簽發匯票，而只將貨運單據透

過銀行寄交受託商。俟售出後，才將貨款匯付寄售商。然而，如寄售貨品金額較鉅時，也可情商按寄售貨價的 50～80% 簽發匯票（以受託商為付款人）先行押匯。這種押匯所得款項並非貨物的實際售價，而是以寄售貨品的售款作為條件，由受託商預支之款。

受託商依寄售商的指示售出貨物後，於扣除上述押匯款、代墊費用以及佣金後，將餘款匯付寄售商。假如寄售商的押匯金額比率較大（如 80%），而行情下跌，致寄售貨品無法按預定價格售出，則可能產生淨售價款 (Net Proceeds) 比押匯金額少的情形。在此場合，押匯金額超過淨售價款的部分，稱為 "Short Fall"。此差額或自下次的寄售貨款中扣抵，或由受託商向寄售商發出匯票收回。這種匯票稱為 "Short Fall Draft" ❸。

九、售貨報告的製作

寄售貨品售出後，受託商應向寄售商造具「售貨報告」(Account Sales, A/S)，內容記載銷售金額、代墊費用以及受託商佣金等，其格式如下：

Account Sales			
ACCOUNT SALES of twenty-five (25) cases Taiwan Green Tea received ex S.S. "President" from Keelung sold by American Trading Co., Ltd. for account and risk of Taiwan Trading Co., Ltd.			
△ AT New York C/1–25	25 cases of Taiwan Green Tea @US$100 per case		US$2,500
	Charges		
	Customs Clearing & Storage	US$ 50	
	Import Duty	70	
	Fire Insurance, Cable Charge & etc.	25	
	Commission 10%	250	395
	Net Proceeds		US$2,105
	Demand Draft No. 123 on Bank of America（不立即匯付時：to the credit of Taiwan Trading Co., Ltd.）		
	E.&O.E.		
	New York, July 28, 20–		
	American Trading Co., Ltd.		

---

❸ 參看濱谷源藏著，《貿易經營概說》，同文館，1940 年，第 3 版，頁 148。

　　假如寄售貨品經過相當時間仍未能全部脫售時，也應造具該一期間的售貨報告，先行交付寄售商，這種售貨報告稱為「臨時售貨報告」(Provisional Account Sales)。

　　此外，寄售商在運出貨物之前，如不了解對方市場有關收費情形，得於發貨前，請受託商作銷售估計，並繕製「預期售貨報告」(Proforma Account Sales) 以資參考，即假定一批貨物售出後可得價款若干，應付費用若干，事後可與售貨報告核對。其格式如下頁：

Proforma Account Sales of (　merchandise　) ex S.S. ＿＿＿＿＿＿ from (　loading port　) to the consignment, as follows:			
Marks & Nos.	Description of Goods	Market Price on Day of Arrival	Selling Price
	–Less Charges– Customs Clearing & Storage Import Duty E.&O.E.	Consignee	

十、寄售貿易契約書實例

1.寄售出口契約 (Export on Consignment Sales Contract)

　　以下例示是倫敦出口協會 (The Institute of Export London) 所草擬的寄售契約書：

　　(Suitable for agents appointed overseas to whom stocks are shipped on consignment account)

　　An Agreement made this ＿＿＿＿＿＿ day of ＿＿＿＿＿＿ 20– between ＿＿＿＿＿＿ whose registered office is situated at ＿＿＿＿＿＿ (hereinafter called the "Principal") of the one part and ＿＿＿＿＿＿ (hereinafter called "the Agent") of the other part.

　　Whereby It Is Agreed As Follows:

　　1. The Principal hereby appoints the Agent as their Del Credere Sole Agent for the sale in (the territory) ＿＿＿＿＿＿ (the goods) and the Agent accepts the appointment on the terms

hereinafter defined.

2. This Agreement shall come into operation as from _____ and shall continue in force for one year certain and thereafter until terminated by either party giving to the other _____ calendar months' notice in writing expiring on any date provided always that either party may determine it summarily if the other party fails to carry out the terms of the Agreement, or goes into liquidation other than voluntarily for the purpose of reconstruction, or is wound up, or makes a composition with his creditors.

3. The Agent shall at all times use his best endeavours to develop the sale of the principal's goods the subject of the agency within the territory and undertakes not to sell, or offer for sale, any goods competing with those of the Principal.

4. The Principal shall be free to sell the aforesaid _____ without the territory of the Agent and shall not be obliged to pay commission to the Agent on _____ shipped into the said territory unless sold by the Agent.

5. The Principal shall ship on consignment reasonable quantities of the goods to the Agent against indents. All such goods on consignment together with the necessary containers shall remain the absolute property of the Principal until delivered to the Buyer under safe contract. The Agent shall pay landing charges, duty, cartage warehousing costs and insurance on account of the Principal and shall recover these by debiting the Principal in current account.

6. The Agent undertakes that no charge, or lien, shall be created on the goods so consigned.

7. As consideration for the Agent's service hereunder the Principal shall pay the Agent commission at the rate of _____ percent which shall be calculated on the CIF invoice value of all _____ sold in the said territory by the Agent. The Agent undertakes to identify the Principal against all default by purchasers in payment for the Principal's goods after sale and delivery.

8. The Agent undertakes not to pass on to the buyer any part of his commission, but may divide it with his appointed distributors where he can control their selling prices.

9. The Agent shall keep and maintain proper books of account and shall remit quarterly to the Principal statements and the sterling equivalent of the net proceeds of sales of the goods which have been made by him subject to retention by him of the commission provided for in Clause 7 hereof and those charges payable by him under Clauses 5, 10, and 11 and properly to be debited to the Principal.

10. Each of the parties hereto shall bear his own expenses other than those specifically

payable by the other except that charges incurred by the Agent for cables and telegram properly dispatched in the conduct of the business shall be refunded to him by the Principal.

11. Sales literature shall be supplied free to the Agent by the Principal and a reasonable allowance for advertisement and propaganda to be mutually agreed upon shall be paid for by the Principal.

12. The Agent shall be free by nameplate at his office, or on his letter-heading, or in other manner approved by the Principal, to inform the public that he is the Sole Agent of the Principal during the continuance of this agreement.

13. Termination of this agreement shall relieve the Principal of any right of claim against them by the Agent for any commission upon sales made by the Principal to customers introduced to them by the Agent during the existence of the agreement, or in respect of deliveries made against contracts effected before the determination of the agreement.

14. The agreement shall be interpreted according to the Laws of England and any dispute between the parties shall be settled by arbitration as provided for by the rules laid down by the Arbitration Act 1979 or any statutory modification thereof.

As WITNESS the hands of the Parties etc.

2. 寄售進口契約 (Import on Consignment Sales Contract)

本例為我國某代理商與國外某供應商所訂的寄售進口契約:

CONSIGNMENT AGREEMENT

AGREEMENT dated as of January 4, 20– between A.B.C. Company International Division, a corporation organized and existing under the laws of Delaware, having a principal place of business at _____ New York, New York U.S.A. ("Consignor"), and X.Y.Z. Co., Ltd., a corporation organized and existing under the laws of Taiwan, Republic of China, and having a principal place of business at Taipei, Taiwan, Republic of China ("Consignee").

Consignor agrees to consign to Consignee, and Consignee agrees to accept in consignment from Consignor, the products hereinafter designated, in accordance with the terms and conditions set forth below:

1. Products included under this Agreement and to be consigned to Consignee by Consignor are: Such products as "milks" specially designed for babies and infants and packed in one-pound tin. With the exception of case which is packed in a $3\frac{1}{3}$ oz tin.

2. This Agreement shall be in effect for a period of one year commencing on the day and year first written above, shall terminate January 31, 20– and may be terminated by either party,

with or without cause, effective 90 days after written notice thereof to other party.

3. The quantity of products consigned shall be as agreed upon from time to time by the parties and the maximum quantity of consignments and the maximum quantity per month shall be:

Max. Q'ty Per Mon. Dozen Q'ty Doz Products	FOB US$/Doz Ins. Freight	CIF Keelung US$/Doz	Max. Amount

The FOB prices and the insurance and freight costs set forth above are based on prices and conditions in effect on the date of this Agreement and are subject to revisions in the normal course.

4. Although Consignor shall remain the owner of the goods until payment in full is effected. Consignee is authorized to dispose of goods consigned to it in accordance with official government regulations.

5. Responsibility for losses at the bonded warehouse while the consignment is not paid for shall be for Consignor. It is understood that neither the government nor the bank in Taiwan nor the customs shall be responsible for said consignment.

6. All importation expenses, storage, etc. incurred in Taiwan shall be borne by Consignee.

7. As promptly as possible following the date of the bill of lading covering a consignment shipment of goods to Consignee, and in any event within one year following said date, Consignee (a) will sell the goods, (b) will obtain necessary import application to insure payment to Consignor of the proceeds of such sale in US dollars and clearance and removal of said goods from the bonded warehouse, (c) will clear and remove said goods and (d) will pay said proceeds in US dollars to Consignor.

8. Consignor has made a thorough and careful study of the Regulations for Importation of Commodities on Consignment Basis and will abide by such regulations.

IN WITNESS WHEREOF, this Agreement has been executed as of the day and year first above written.

A.B.C. Company

第六節　分期付款方式貿易

一、分期付款方式貿易的意義

分期付款 (Instalment) 方式貿易，簡單地說，就是買方應支付的貨款，分若干期付給賣方的一種作法。在國際貿易中，如巨型機械設備、整廠設備、飛機、輪船等大型交通工具，因其交易金額大，製造生產期較長，檢驗手續複雜，交貨條件嚴格以及產品保證期間長等，往往採用兩種以上的不同結算方式，例如銀行保證函或擔保信用狀與匯付，再結合分期付款辦法支付貨款。

二、分期付款方式貿易的種類

實際上，分期付款可分為兩種，一為「逐次付款」(Progressive Payment) 方式貿易，又稱「按工程（或交貨）進度付款」或「漸進式付款」方式貿易，在美國稱為 Rata Payment。另一為「延期付款」(Deferred Payment) 方式貿易，也即狹義的「分期付款」(Instalment) 方式貿易❹。

1.逐次付款方式貿易

指買方於簽約之後預付一部分定金 (Down Payment)，例如貨款的10%，其餘貨款依據所訂購產品製造進度或交貨進度分若干期支付。最後一期的貨款是在交貨或品質保證期終了時付清。換言之，貨物交付完了時，貨款已付清或大部分已付清。這種逐次付款方式貿易多用於成套設備、大型工具等專為客戶訂貨加工或專為買方製造的機械設備等產品的買賣。一般要求銀行授信以保證出口商能按時如數收受貨款。其通常的作法是銀行對逐次付款部分（如貨款的90%）開出保證函或擔保信用狀保證進口商對

---

❹　在法律上，所謂分期付款買賣，是指買方在受領標的物後，分兩次以上向賣方付款的買賣。也即本文所指狹義的分期付款。

其大部分（如貨款的 80%），憑出口商提出的貨運單據付款（或每次付款前憑出口商所提出的製造進度證明文件，諸如在船舶買賣業務中，出口商應先後提交安裝龍骨證書影印本、船舶下水證書的影印本和交船及接收議定書副本等），其餘小部分（如貨款的 5%），在設備安裝完了開始生產時，憑廠方驗收證書支付。最後一部分（如貨款的 5%），在保證運轉期滿，憑保證期滿書支付。銀行的保證責任隨進口商的按期支付而比例遞減。如屆時進口商不按期付款，則出口商可以憑銀行保證函或擔保信用狀向開證（狀）銀行求償。

2.延期付款方式貿易（狹義的分期付款方式貿易）

在國際貿易中，延期付款方式貿易是應用於一些金額鉅大的機械設備、整廠設備、大型交通工具（如飛機輪船）或需要專門加工或專為買方製造的產品交易。其作法與逐次付款方式貿易相似，但其根本的差異為：在延期付款方式下，其貨款的大部分或全部是在交貨後的一段相當長的期間分期攤付。所以延期付款方式貿易是一種賒銷 (Sales on Credit)，因此買方要負擔一定的利息。分期付款既然是賒銷交易，金額比較大，付款期限也較長。就賣方而言，往往需要銀行的融資，以保持其生產的正常進行。由於這種交易有賴以進行的授信是由銀行融資出口商，所以一般稱之為供應商授信 (Supplier's Credit)。

延期付款方式貿易與逐次付款方式貿易一樣，一般也要求銀行授信以保證出口商能按時如數收到貨款。其付款方式分為三部分。第一部分，為訂立買賣契約後，買方按契約金額的一定成數（例如 10%）匯付賣方作為定金。第二部分，為買方按契約金額的一定成數（例如 10%）開出信用狀，賣方可憑貨運單據兌款。第三部分，其餘（例如 80%）的契約金額，分期支付（例如 5 年 10 期）。至於其分期支付辦法，詳見本節第六項㈡說明。

三、分期付款方式貿易的利弊

1.對出口商而言

(1)利：

　①手續簡便。

　②費用負擔少。

　③易於開拓市場，推動鉅額資本財的出口。

(2)弊：

　①信用風險：各種付款方式中，風險最大。因為付款期限越長，風險越大。

　②流動性風險：分期付款的交易金額比較大，還款期也較長（尤其是延期付款的情形），出口商資金的積壓也比較嚴重。

　③政治風險：進口國若有外匯管制或政經不甚穩定，則難免會遭遇限制或禁止外匯資金移轉。

　④匯率變動風險：分期付款期限較長，期間匯率難免會有波動。稍微不注意，所有的預期利潤都將因匯率變動而前功盡棄。

2.對進口商而言

(1)利：

　①是　種比較簡單利用外資的形式。

　②是一種長期信貸，又是階段分期支付部分貨款，資金壓力較緩和。

(2)弊：

　①價格風險：由於出口商的資金來自銀行貸款，要付出一定的利息（指延期付款的情形）和費用。這些負擔最後必定以提高利率和貨價方式轉嫁給買方。因此在延期付款方式交易，其貨價一般要高於付現交易。利率也可能高於出口商實際付出的水準。

　②信用風險：出口商毀約，已付貨款恐無法收回。

 四、分期付款方式貿易風險的規避

1.對出口商而言

(1)信用風險的規避：

①要求進口商提供銀行的付款保證。例如銀行保證函或銀行擔保信用狀。

②投保輸出保險或利用中長期出口票據貼現 (Forfaiting)。

③加強徵信，了解進口商的資信。

(2)流動性風險的規避：取得一般銀行的外銷融資或輸出銀行中長期的輸出融資。

(3)政治風險的規避：投保輸出保險。

(4)匯率變動風險：

①預售外匯。

②利用中長期出口票據貼現業務制度。

2.對進口商而言

(1)貨價較高、利率較高的風險：由於國際市場競爭激烈，出口商為了爭奪市場，莫不提供進口商更優惠的待遇。因此進口商在簽約時，可在下列方面爭取以期減少風險或負擔：

①減少首期支付金額，甚至要求免付首期款。

②延長還款期限以減輕還款壓力。

③壓低利率（尤指延期付款的情形）。

④壓低貨價。

(2)信用風險：為防止出口商毀約，無法收回已支付貨款，可要求出口商提供相應的銀行還款保證（例如 Repayment Guarantee 或 Repayment Standby L/C）。

 五、適合分期付款方式貿易的情形

1.對出口商而言

(1)適用於鉅額資本財的交易。

(2)出口商可獲得銀行融資時。

(3)有輸出保險承保政治、信用風險，有 Forfaiting 的機制可資利用時。

(4)進口商願提供銀行保證，保證出口商可按期如數收到貨款時。

2.對進口商而言

(1)為鉅額資本財，且該資本財品質優良，只有該出口商可以合理的價格供應時。

(2)首期定金不大時。

(3)對於延付部分的利息（逐次付款方式者無利息問題）可爭取到優惠利率時。

(4)銀行願意向出口商提供付款保證時。

 ## 六、分期付款方式貿易契約重要條件的約定

分期付款方式貿易契約的內容，由於涉及交易金額較大，付款期限又約定若干階段分期支付部分貨款，所以其契約內容除了與一般貿易契約相同之處外，尚有一些比較特殊的地方，尤其是在付款條件的部分。以下就逐次付款 (Progressive Payment) 及延期付款 (Deferred Payment) 方式貿易，分別介述其付款條件的內容。

(一)逐次付款方式貿易的付款條件

採用逐次付款方式貿易時，在契約中，付款方式必須就下述幾個事項加以規定：

1.首期款（或頭期款）的約定

依一般貿易習慣，在買賣契約簽訂之後，交易標的物生產之前，買方需先付一定成數的契約金額，一般稱為定金或首期款 (Initial Payment)。定金是作為買賣履約的一種保證，假如買方毀約，這筆款項就當作賠償賣方在生產方面或轉售產品時可能的損失。

定金一般按契約金額的 5～10% 計付。但實際上占契約金額的成數，需由雙方根據市場競爭、技術的先進程度、買方對交易標的物需要情形以及其他因素，透過協商予以確定。

　　由於定金是買方向賣方提供保證，所以買方在付出定金之前，也會要求賣方提出相應的保證，保證其毀約時可回收已付款項。通常買方付出定金之前，會要求賣方提供以下文件：

　　⑴出口國政府核發的契約標的物輸出許可證副本。

　　⑵由雙方認可的銀行出具的保證，保證賣方不履約時由銀行負責退回定金以及利息。

2.各期攤付時間、次數及每次攤付成數的約定

　　除了定金之外，約定以後各期攤付時間、次數及每次攤付成數。然後由賣方於每一期終了時，憑約定的證明文件，向買方收取約定成數的貨款。最後一筆貨款通常是根據契約使用的貿易條件 (Trade Terms)，在交付貨運單據或實際交貨時支付。對於機械設備、船舶交易，一般在交單（貨）後還要保留一小部分，分別在驗收、安裝、試車和品質保證期滿時支付。

　　逐次付款條款（船舶出口契約）例示：

　　The Buyers shall pay by Progressive Payment as stated below:（買方應按下列規定逐次付款：）

　　• First Payment: The Buyers shall pay the Sellers 10% of the contract price (US$...) within thirty days after the signing of this contract.（首次付款：契約簽署後三十天之內，應付給賣方契約價格的 10%（×××美元）。）

　　• Second Payment: The Buyers shall pay the Sellers 15% of the contract price (US$...) six months before the contracted time of delivery of the ship.（第二次付款：按規定交船之前 6 個月，應付給賣方契約價格的 15%（×××美元）。）

　　• Third Payment: The Buyers shall pay the Sellers 25% of the contract price (US$...) three months before the contracted time of delivery of the ship.（第三次付款：按規定交船之前 3 個月，應付給賣方契約價格的 25%（×××美元）。）

　　• Fourth Payment: The Buyers shall pay the Sellers 50% of the contract price (US$...) at the time of actual delivery of the ship.（第四次付款：在實際交船的同時，應按契約價格的 50%（×××美元）付給賣方。）

　　• Should the delivery of the ship be delayed, with a result that the Buyers' second payment and third payment be respectively made six months and three months earlier than the time of actual delivery of the ship, the Sellers shall pay the Buyers an interest at the rate of 5% per annum for the actual delayed days counted from the contracted time of delivery to the actual time of delivery of the ship. The interest shall be paid at the time of the delivery of the ship.（如果實際交船日期延遲，導致買方第二次和第三次付款分別早於實際交船期 6 個月和 3 個月，賣方應按規定交船期到實際交船期的實際延期天數，付給買方約年利率為 5% 的利息，利息在交船時結付。）

Method of Payment:（支付方式:）

・First Payment: Within thirty days after receipt of the Letter of Guarantee issued by the Bank of Taiwan, the Buyers shall make first payment by T/T to the Sellers' account with the Bank of Taiwan, Taipei.（首次付款: 買方在契約簽字和收到臺北臺灣銀行出具的保證函 30 天內，應將首次付款款額電匯臺北臺灣銀行賣方帳戶。）

・Second Payment: Within five business days after receipt of the Sellers' telex, the Buyers shall make the second payment by T/T to the Sellers' account with the Bank of Taiwan, Taipei.（第二次付款: 買方收到賣方電傳後 5 個營業日之內，將第二次付款款額電匯臺北臺灣銀行賣方帳戶。）

・Third Payment: Within five business days after receipt of the Sellers' telex, the Buyers shall make the third payment by T/T to the Sellers' account with the Bank of Taiwan, Taipei.（第三次付款: 買方收到賣方電傳後 5 個營業日之內，將第三次付款款額電匯臺北臺灣銀行賣方帳戶。）

・Fourth Payment: After the trial sailing of the ship and the Buyers have agreed to accept the ship, the Sellers shall notify the Buyers of the delivery date of the ship. The Buyers shall deposit, not later than five business days before the delivery date of the ship in the Buyers' name a cash amount in the Bank of Taiwan. The Sellers can draw the above amount against a duplicate copy of the Agreement of Delivery and Acceptance of ship reached between the Buyers' authorized representative, the Sellers and/or the ship Builders.（第四次付款: 船舶經試航買方同意接收後，賣方應正式通知交船日期，買方應在不遲於交船日期前 5 個營業日，把現金以買方的名義存入臺北臺灣銀行。賣方可貸買方全權代表，賣方和／或船廠的交船及接收議定為副本，到臺北臺灣銀行領取上述款額。）

・Reimbursement: As for the Sellers all the payments made by the Buyers before the delivery of the ship are in the nature of advance payments. In case the contract should be rescinded through mutual agreement, the Sellers shall reimburse the Buyers all the amounts paid for the building of the ship together with interest arising therefrom. The Sellers agree to provide the Buyers with a Letter of Guarantee issued by the Bank of Taiwan to guarantee the reimbursement of all payments made by the Buyers before delivery of the ship together with the interest arising therefrom, when the Sellers shall reimburse to the Buyers the above amounts but fail to do so. （償還：在交船前所有買方的付款，對賣方來說，具有預付的性質。如果買方根據本契約有關條款解除本契約時，賣方應償還買方因船舶建造所支付的全部款項及利息。賣方同意提供給買方由臺北臺灣銀行出具的保證函，以保證依照契約的條件導致賣方需償還買方上述款額時，償還買方在交船前所付全部款額連同其產生的利息。）

㈡延期付款（即狹義的分期付款）方式貿易的付款條件

在採用延期付款方式貿易時，關於付款條件方面，在契約中必須就下述幾個問題加以規定：

1.首期款（頭期款）的約定

在採用延期付款方式貿易時，依一般慣例，買方需支付契約金額若干成數的首期款，作為定金。其支付方式有的採用現付方式，但也可採用遠期付款方式。首期款占契約金額的成數，應在契約中明確規定。

2.延付期限、利率及支付方式的約定

(1)約定整筆貨款償還的期限和每次攤付的間隔。

在決定上述問題時需要考慮的因素有：

①買方償還能力。

②買進的設備所能創造的支付能力。

③利率的高低。

④匯率變動風險。

據此決定最佳且能為雙方接受的還款期限。

(2)利率的約定：延期付款與逐次付款不同，延期付款是一種授信，進口商必須對延付部分負擔利息。對進口商而言，當然想爭取較低利率。但應就計價貨幣的升貶趨勢和貨價作一全盤性的考慮。

(3)支付辦法：對於延期支付部分的攤付方法，有下列各種方式：

①託收：賣方將貨物裝運後，根據約定期數簽發以買方為付款人的

遠期匯票若干張（如 10 張），每張匯票金額包括每期應攤付的本金及應付利息，交給進口商承兌，連同銀行保證 (Bank Guarantee) 交還出口商。出口商則可憑以貼現或匯票到期提兌。

②匯付：由買方按約定期數簽發每期到期日支付金額和利息的期票，經銀行保證後，交給出口商收執，到期分別提兌。

③遠期信用狀：分期付款期限較短者，可由進口商要求銀行簽發遠期信用狀。

㈢加速條款的約定

加速條款又稱為提前償付條款 (Acceleration Clause)，是在延期付款（狹義的分期付款）交易中常見的條款。加速條款載明償付貨款者，未能遵守契約中某些約定，或任何一期無法履約償付時，全部貨款視同到期，而必須立即清償，以加強買方責任心，賦予賣方對未來不良情勢可以迅速採取對策，依法追訴。

㈣延期付款條件例示

延期付款（狹義的分期付款）與逐次付款不同，前者因涉及利息、每期付款期間及付款期數等，茲舉一二例有關延期付款的付款條款用例於下：

> ‧ 20% of the contract value to be paid by L/C against presentation of shipping documents, 80% of the contract value shall be paid in 10 equal semi-annual instalments beginning six (6) months after commissioning but not later than 24 months after the date of effectiveness of the contract. For payment of principal, 10 unconditional negotiable promissory notes have to be transferred to seller within sixty (60) days after effectiveness of the contract.
> （契約金額的 20% 以信用狀憑貨運單據支付，契約金額的 80% 於啟用後 6 個月，但不得遲於契約生效後 24 個月，開始按 12 期（每半年一期）平均分期付款。買方應簽發十二紙無條件的可轉讓本票，償付本金。該本票應於契約生效後 60 天內交付賣方。）

下面的例子是我國某公司以分期付款方式進口 Switchgear Equipment 時所約定的付款條件：

‧ Ten percent (10%) of the contract amount as down payment shall be paid by T/T or L/C 60～90 days after conclusion of contract and receipt of the required performance bond. （契約金額 10% 的定金，於契約生效 60 天至 90 天內，在承購商繳妥應繳納的履約保證金後以電匯或信用狀支付。）

‧ Ten percent (10%) of contract amount shall be paid by an irrevocable letter of credit against presentation of shipping documents as specified in Article...of the conditions of contract. （契約金額 10% 以不可撤銷信用狀支付，賣方可憑貨運單據去銀行押匯，照契約一般條款第×條的規定辦理。）

‧ The remaining eighty percent (80%) of the contract amount shall be paid in ten semi-annual instalments, the first instalment payments to be due six months after the contract shipment date. （其餘 80% 的契約金額分 5 年 10 期支付，第一次付款的還本付息日在契約裝船期後 6 個月。）

（a）Interest at the per-annum rate will be 8.5% accrued on the unpaid balance of instalment payments commissioning on the last shipment date and be paid semi-annually along with each instalment payment. （年利率 8.5%，照未付款的金額計算，起算日為最後交貨日，與每半年的分期付款同時支付。）

（b）The obligation to make payments of the principal and interest shall be evidenced by a series of unconditionally negotiable promissory note or a letter of guarantee issued by a local bank in Taiwan. （還本付息無條件付款的本票或保證函由臺灣當地銀行開出。）

（c）Twenty percent (20%) income tax on the interest to be levied by the Taiwan Government Authorities is for the seller's account, buyer will withhold this income tax from the promissory notes and will pay the withhold portion to the Taiwan Government Authorities on behalf of the seller, in case the said income tax is increased by the Taiwan Government Authorities (i.e. the said income tax is over than 20%), the exceeding portion will be borne by the buyer, the buyer will pay it to Taiwan Government Authorities themselves, in case the said income tax is decreased by the Taiwan Government Authorities (i.e. the said income tax is less than 20%), the surplus amount of interest included in the original contract amount based on the twenty percent (20%) rate shall be for the benefit of the buyer and not be paid to the seller. （由臺灣政府稅務機關徵收的 20% 的利息所得稅應由賣方負擔，買方將由付款的本票中扣除此項所得稅，代賣方繳納予臺灣政府的稅務機關，假如利息所得稅率增加超過 20% 時，其超過部分概由買方支付，買方將繳納超過部分的利息所得稅予臺灣稅務機關，假如臺灣稅務機關的利息所得稅率降低在 20% 以下，而原來照 20% 計算的利息包括在原始合約中，其剩餘部分，應歸買方所有，將不再付給賣方。）

(d) The promissory notes or Letter of Guarantee will be delivered to the seller within 60～90 days after contract signed. In case the seller requests that those promissory notes be hold in escrow with the L/C advising bank in the seller's country, the fees or charges involved in such an escrow arrangement shall be for the seller's account. （在合約簽妥 60 天至 90 天之內將本票或保證函送給賣方，如果賣方要求將本票存入賣方國家的信用狀通知銀行，因此而發生的銀行費用，概由賣方負擔。）

＊上述條款的原意是有時本局或委方常會收到一份國外銀行來的帳單，雖然錢數甚少，但無從出帳，因為不知其究竟是什麼費用，概皆屬此類帳單，為免發生此種情形，所以規定此一條款。

(e) If the promissory notes or L/G put in escrow account with the L/C advising bank, and the last contract shipment date is extended, the seller shall refund to buyer that portion of the interest accrued form the original last contract shipment date to the extended shipment date. （如果本票或保證函存入賣方信用狀通知銀行，而契約中規定的最後裝船日期已經延長，賣方必須退回一筆利息，其期間為契約規定裝船期至延展後的裝船期。）

下面的 Payment Terms 是我國某紡織公司自瑞士進口精梳機所採用的分期付款條件：

・20% amounting to EUR65,875.40 by an irrevocable and confirmed letter of credit to be opened in favour of Modern Tool, Ltd. P.O. Box 453, 8022 Zurich, Switzerland, 3 months prior to shipment, payable against presentation of shipping documents.

80% amounting to EUR263,501.60 by to (10) half yearly equal instalments with a net interest rate of 7.75% p.a. free from any taxation. The first payment will be due six months after shipment date indicated on the B/L. Drafts (bill of exchange) will be drawn for acceptance by buyer and shall be guaranteed by Mr. O. H. Chen, Chairman of Messrs. ×××Textile Co., Ltd. as well as by Messrs. Great Oil Printing & Dyeing Co., Ltd. 5th Floor, No. 5. Tsing Tao E. Road, Taipei.

・Upon signing this order sheet/contract, Messrs. ×××Textile Co., Ltd. will submit to (Messrs. ○○○ Liebormann Taiwan, Ltd.) a promissory note in NT$ equivalent to 20% of the order amount as security which shall be cashed in case of an order cancellation.

以下為分期付款條款例示：

> A. Terms of Payment:（支付條款：）
>
> ・20% (twenty percent) of the price amounting to US$...(amount in words) shall be paid as Down Payment by telegraphic remittance through...Bank to the Seller's account opened with the Bank of Taiwan, Taipei within 21 (twenty-one) days after the signing of this contract.（買方需於契約簽署後 21 天內通過×××銀行電匯價款 20%，計×××美元（大寫金額）作為定金，存入賣方在臺北臺灣銀行開立的帳戶。）
>
> ・As to 80% (eighty percent) of the price amounting to US$...(amount in words), the Seller agrees to grant the Buyer deferred payment within a period of 6 (six) years, including one year's grace, with due interest of 7 (seven) percent per annum in 10 (ten) equal consecutive semi-annual instalments.（關於價款 80%，計×××美元（大寫金額），賣方同意買方在 6 年內遠期支付，包括 1 年的優惠期，按年利 7% 計息，每半年一次，連續分 10 次等額支付。）
>
> ・Deferred amount and the interest due shall be covered in US Dollars totalling US$...(amount in words) by the Buyer's Irrevocable and Unconditional Bank Guarantee to be issued in favor of the Seller by...Bank within 21 (twenty-one) days after the signing of this contract.（延期支付金額和到期利息共×××美元（大寫金額），買方應於本契約簽署後 21 天內向賣方提供由×××銀行出具的以賣方為受益人的不可撤銷和無條件的銀行保證函。）
>
> ・Interest on the deferred amount shall be calculated from the date of the Last Major Invoiced FOB Delivery.（延期支付金額的利息應自最後主要 FOB 交貨❺的發票日期開始計算。）
>
> ・The first instalment will fall due the 18th (eighteenth) month after the date of the Last Major Invoiced FOB Delivery.（第一次付款的到期日為最後主要 FOB 交貨的發票日期後第 18 個月。）
>
> B. Down Payment Guarantee and Its Release:（定金的保證及其解除：）
>
> ・Within 21 (twenty-one) days after the signing of this contract, the Seller shall provide the Buyer with a Down Payment Guarantee covering 20% (twenty percent) of the price namely US$...(amount in words), through...Bank, issued by the Bank of Taiwan, Taipei, for the due performance of the delivery of the contracted goods.（賣方應於本契約簽署後二十一天內通

---

❺ 所謂「最後主要交貨」，是成套設備分批交貨的特點，一般以發票的金額為準，例如契約規定發票金額達合約總金額的 90%，作為「最後主要交貨」(Last Major Delivery)。

過×××銀行向買方提供臺北臺灣銀行出具的包括價款 20%，即×××美元（大寫金額）的定金保證，以保證合約貨物的交付。）

　　‧ This Guarantee shall come into force simultaneously with the receipt of Down Payment by the Seller and the amount of the Guarantee shall be reduced automatically by 15% (fifteen percent) of the price from the date when the delivery of the contracted goods has reached 15% (fifteen percent) of the price or more. The remaining Guarantee, 5% (five percent) of the price, shall be released automatically in the 12th (twelfth) month from the date of signing the Final Acceptance Certificate or not later than the 20th (twentieth) month from the date of the Last Major Invoiced FOB Delivery. （此保證於賣方收到定金時同時生效，當契約貨物的交付達到價款的 15% 或以上之日起，保證金額自動減除按價款的 15%。其餘保證，價款的 5%，將於最後接受證發簽署之日起第 12 個月或不超過最後主要 FOB 交貨的發票日期起第 20 個月自動解除。）

　　以下為 Instalment Payment Letter of Guarantee 的例示：

Instalment Payment Letter of Guarantee

L/G No. 1375　　　　　　　　　　　　　　　　　　_____ March 16, 20–

Mitsui & Co., Ltd.

2–1, Shiba Tamuracho, Minato-ku

Tokyo, Japan

Dear Sirs:

　　In connection with the purchase contract No. 520216 entered into between Taiwan Tool Manufacturing Corporation (TTMC), Taiwan, R.O.C., and Mitsui & Co., Ltd., Japan, dated May 31, 20– and in pursuance of the terms and condition of the contract, we, Banking Department, Bank of Taipei, do hereby guarantee irrevocably to pay to Mitsui & Co., Ltd. Japan the aggregate sum of US Dollars One Hundred Twenty Nine Thousand One Hundred Ten and Cents Twenty Seven Only (US$129,110.27) representing 80% of the contracted price and its net interest US$17,999.87 (after deducting 10% of income tax) for purchase of two sets of 75″ tow way straight type hot dip tinning line with spare parts under the said contract according to the following methods:

　　⑴ US$129,110.27 representing eighty percent of the said purchase price and its interest shall be paid in five instalments on the dates indicated hereunder.

Instalments	Principal	Interest	Income Tax	Total Amount
One year after final shipment date	$ 22,222.08 +	$ 6,666.62 –	$ 666.66 =	$ 28,222.04
Two years after final shipment date	$ 22,222.08 +	$ 5,333.30 –	$ 533.33 =	$ 27,022.05
Three years after final shipment date	$ 22,222.08 +	$ 3,999.97 –	$ 400.00 =	$ 25,822.05
Four years after final shipment date	$ 22,222.08 +	$ 2,666.65 –	$ 266.67 =	$ 24,622.06
Five years after final shipment date	$ 22,222.08 +	$ 1,333.32 –	$ 133.33 =	$ 23,442.07
Grand Total.......................................	$111,110.40 +	$19,999.86 –	$1,999.99 =	$129,110.27

Remarks: The interest is to be calculated from the date the actual shipment is made.

(2) Upon default in payment of principal and its interest when due as described in this guarantee, Mitsui & Co., Ltd. is authorized to draw clean draft(s) at sight on Banking Department, Bank of Taipei, Taipei for account of TTMC for any sum due unpaid. The Banking Department, Bank of Taipei, hereby engages with drawers, endorsers, and bona fide holders of such draft(s) drawn under and in compliance with the terms of the guarantee that such draft(s) shall be honored by the Banking Department, Bank of Taipei, in US Dollars.

(3) This Letter of Guarantee will only be validated on and become effective from the date on which the loading of the entire shipment is completed and the revelant original shipping documents are received in order by TTMC.

(4) Upon each shipment, a telegraphic advice should be sent to us, (cable address: BOTEX TAIPEI) the detailed information of which should include the description and the quantity of the merchandise shipped, the value in US Dollars, the name and the sailing date of the vessel and the port of loading.

(5) As soon as the payment of every instalment as described under paragraph (1) is made, our responsibility of guarantee for that payment shall be automatically released.

This letter of guarantee is subject to ICC publication No. 590, ISP 98.

Your very truly,

第三章

託收方式貿易

第一節　託收的意義

在國際貿易中，託收 (Collection) 是較為常見的結算貨款方式。在託收業務中，作為結算工具的票據和單據的傳遞，與資金的流動方向相反，故屬逆匯 (Reverse Remittance; to Honor Draft; to Draw)。

所謂託收是委託代收的簡稱。申言之，即由一方（委託人）委託他方（受託人）向第三者收取某一種標的物的行為。「託收」是就委託人的立場而言；如就受託人的立場而言，就是「代收」。

在國際貿易中，所謂託收是指出口商依照買賣契約規定，將貨物裝運出口後，開具以進口商為付款人的金融單據（如匯票），檢附商業單據，委託他人（通常為銀行）代向進口商收取貨款之意。

在現代國際貿易中，託收的進行固然多委由銀行辦理，但也有委由運送人或應收帳款收買公司 (Factors) 辦理者。只因現代的國際託收都委由銀行辦理，所以一般所指的託收，都指銀行託收而言。本文所稱託收，即專指銀行託收而言。

關於銀行託收，國際商會訂有統一規則，以資有關各方遵守。依 1995 年修訂的託收統一規則 (Uniform Rules for Collection, 1995 Revision, Publication No. 522, URC 522)，所謂託收是指銀行依收到的指示，處理金融單據及（或）商業單據，以期達成①獲得付款及（或）承兌，或②憑付款及（或）承兌而交付單據，或③依其他條件而交付單據的作業過程而言。

第二節　託收方式貿易的關係人

銀行託收的當事人 (URC 522 Art. 3) 有：

1. 委託人 (Principal)

又稱為本人，是指委託銀行辦理託收的顧客 (Customer)。通常為託收

方式交易中的賣方 (Seller)，即出口商 (Exporter)，也是匯票（或其他金融單據）的發票人 (Drawer)，是託收方式交易中的債權人。

2. 託收銀行 (Remitting Bank)

又稱為寄單銀行，是指接受委託人委託辦理託收的銀行。通常為出口地銀行，故又稱為本地代收銀行 (Local Collecting Bank)。此銀行通常與委託人有往來關係，基於委任契約，是委託人的受任人。

3. 代收銀行 (Collecting Bank)

是指託收銀行以外，處理託收的銀行。託收銀行接受委託向國外進口商收取貨款，勢必再委託進口商所在地往來銀行代為執行收款工作。此國外銀行即為代收銀行，又稱為國外代收銀行 (Foreign Collecting Bank)。代收銀行或為託收銀行的國外分支銀行或為其往來銀行，是委託人的複受任人及複代理人。

4. 提示銀行 (Presenting Bank)

又稱交單銀行。是向付款人直接提示匯票和單據的代收銀行。通常向付款人提示匯票和單據的銀行就是代收銀行本身。但是，有時候買方要求以其往來銀行為代收銀行，而該銀行若與託收銀行無通匯關係時，為了方便其往來銀行向付款人融通資金，託收銀行只好委託代收銀行，請其透過買方所指定的往來銀行，向買方（付款人）辦理提示事宜。在此情形下，該買方所指定的銀行即為提示銀行。

除了上述基本當事人之外，可能還有下列的人：

5. 付款人 (Drawee)

即依託收指示書，而被提示有關單據的人，通常為託收方式交易中的買方 (Buyer)，即進口商 (Importer)，也即託收匯票（或其他金融單據）的被發票人。

6. 預備人 (Case-of-need; C/Need; Principal's Representative; In Case of Need)

指委託人在進口地預先安排的代表 (Representative)。於託收發生拒絕

承兌或拒付時，被授權代理委託人出面處理事務者。其所處理的事務包括代為安排貨物存倉、保險、轉售或運回等。

第三節 託收方式貿易的種類

託收方式貿易的種類因分類標準的不同，可分為多種。本節擬就國際貿易中常見的光票託收 (Clean Collection) 與跟單託收 (Documentary Collection) 加以介紹。另就直接託收 (Direct Collection) 酌予說明。

一、光票託收

指委託人以未附隨商業單據的金融單據委託銀行代為收取款項者。依 URC 522，光票託收是指金融單據的託收，而未附隨商業（貨運）單據者。申言之，光票託收是指委託人僅將匯票、支票、本票等「金融單據」交付銀行代收款項者。至於運送單據、商業發票、保險單等「商業單據」則由委託人逕寄付款人（進口商），或交由第三者（如運送人）轉交付款人，甚至此項託收根本無商業單據的存在（例如向付款人收取一筆舊欠時所簽發的票據）。

在國際貿易中，光票託收主要用於小額貨款、部分預付貨款、分期支付貨款以及貿易附帶費用的收取。

二、跟單託收

指委託人以商業（貨運）單據委託銀行代為收款者。依 URC 522，託收作業中的單據包括金融單據與商業單據兩種，而在此所謂「跟單託收」的「單」是專指商業單據而言。因此，跟單託收依 URC 522 的定義，又可分為二：

㈠附隨金融單據的跟單託收

指委託人將商業單據及金融單據一併交由銀行託收。銀行則在付款人付

款或承兌時，才將商業單據交給付款人。通常所稱跟單託收即指此種託收。

依出口商向進口商交單（貨運單據）條件的不同，此類跟單託收可分為付款交單與承兌交單兩種：

1.付款交單 (Documents against Payment, D/P)

指委託人（出口商）裝運貨物出口後，備妥商業單據委託銀行向進口商收款時，指示銀行需俟進口商付款後，才交付商業單據的託收。申言之，進口商須向銀行付清貨款後，才能自銀行取得商業單據提貨。對委託人而言，在付款人（進口商）付款後，才交付表彰貨物的商業單據，因此風險較小。

按付款時間的不同，付款交單又可分為即期付款交單與遠期付款交單兩種：

(1)即期付款交單 (Sight D/P; D/P at Sight; Documents against Payment at Sight)：指委託人（出口商）按照買賣契約交運貨物後簽發即期匯票 (Sight Draft) 連同貨運單據，透過銀行向進口商提示時，進口商審查無誤後，即須全額付款。進口商付清貨款後即可從銀行領取貨運單據。一般所稱付款交單即指即期付款交單。

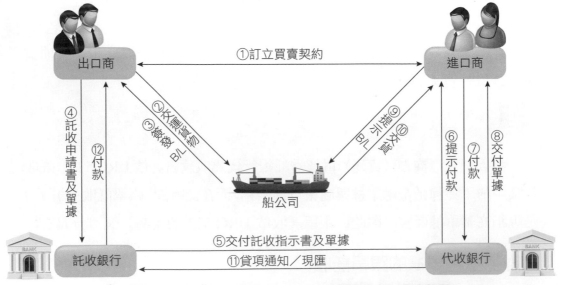

🔶 圖 3-1　即期付款交單 (Sight D/P) 貿易方式作業流程圖

說明：

　　①進出口商訂立買賣契約。

　　②出口商依約將貨物交給運送人。

　　③運送人簽發運送單據 (B/L) 給出口商。

　　④出口商取得運送單據 (B/L) 後，備齊契約所定的單據，簽發匯票並填具託收申請書，送請銀行代收貨款。

　　⑤託收銀行收到託收申請書後，審查單據是否齊全。如單據齊全，即填具託收指示書，隨同匯票及單據寄交進口商所在地代收銀行，請其代收。

　　⑥代收銀行收到託收銀行託收指示書及單據後，即向進口商提示付款。

　　⑦～⑧進口商付款後，銀行即將單據交付進口商。

　　⑨～⑩進口商取得運送單據 (B/L) 等單據後，即可向運送人辦理交貨手續。

　　⑪代收銀行收妥貨款後，即貸記託收銀行的存款帳戶，並將貸項通知（即進帳通知 (Credit Advice)）寄給託收銀行，或匯款。

　　⑫託收銀行收到貨款通知後，即將扣除一切費用後的餘款付給委託人。

⑵遠期付款交單 (Usance D/P; Long D/P; Documents against Payment after Sight; D/P after Sight; D/P after Date)：指出口商依照買賣契約交運貨物後，簽發遠期匯票 (Usance Draft)，連同貨運單據透過銀行向進口商提示。進口商審查單據無誤後，先在遠期匯票上予以承兌，到期前不必付款。但在付清貨款之前，貨運單據仍由銀行控制。俟匯票到期（或貨到時）進口商才付清貨款，並自銀行領取貨運單據。國際貿易中，貨物在運送中所需的時間往往較單據送達進口地的時間為長。因此，在付款交單的場合，若出口商簽發的匯票為即期匯票，寄達進口地後，銀行向進口商提示時，貨物尚未運抵目的港，此時進

口商即使付款贖單，也無貨可提，徒增其資金的凍結。反之，若出口商簽發的匯票為遠期匯票，則銀行向進口商提示時，進口商可就該匯票先行承兌，暫不必付款，俟到期（或到貨）時才付款領單提貨。如此，進口商即不致有積壓資金之虞。另對出口商而言，因進口商須付款後，才可取得貨運單據，其風險自比承兌交單小得多。

以遠期付款交單方式交易時，應特別小心。因為有些國家的銀行往往在收到託收銀行寄來載有按遠期付款交單的託收指示書時，依當地習慣於付款人在匯票上承兌後即將單據交給付款人。換言之，即是將遠期付款交單當作承兌交單處理。因為他們認為付款人一經在匯票上承兌，就承擔到期付款責任，如代收銀行不將單據交給付款人，就有失公平；也不符合與當地權利及義務相當的法律原則。這種作法雖與託收指示書的指示相違背，但 URC 522 Art. 1 (a) 規定，託收指示不得違反一國、一州或地方的法律及／或規章，所以實務上常引起糾紛。因此，URC 522 Art. 7 (a) 特別規定「託收指示憑付款交付商業單據者，不應含有未來日期付款的匯票（即遠期匯票）」。關於遠期付款交單，請參閱 URC 522 Art. 7 (b)、(c)。

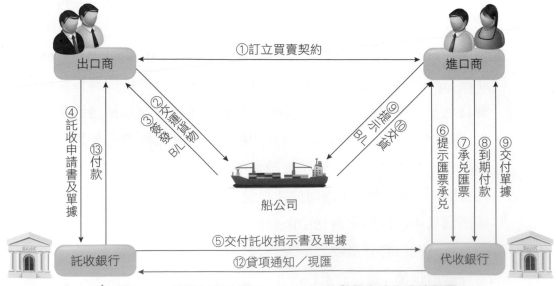

🔖 圖 3-2　遠期付款交單 (Usance D/P) 貿易方式作業流程圖

說明：

　　①～⑤與即期付款交單①～⑤同。

　　⑥代收銀行收到託收銀行託收指示書及單據後，即向進口商提示承兌。

　　⑦進口商承兌匯票後交還代收銀行。

　　⑧匯票到期付清票款。

　　⑨代收銀行交付貨運單據。

　　⑩～⑪進口商向船公司提示提單 (B/L)，至提領貨物。

　　⑫～⑬與即期付款交單⑪～⑫同。

2. 承兌交單 (Documents against Acceptance, D/A)

　　指在跟單託收，委託人（出口商）委託銀行辦理託收時，指示銀行只要付款人（進口商）對金融單據（如匯票）承兌，即可將商業單據交付付款人的託收。在承兌交單託收所用的金融單據，通常是遠期匯票。進口商只要向銀行辦妥匯票承兌手續，即可領取商業單據提貨。俟匯票到期時才付款。對進口商而言，可獲得資金融通的好處。但對出口商而言，除非進口商信用良好，否則進口商於承兌、領單、提貨後，可能因市場或其他因素而拒絕付款，致遭受重大損失，其風險遠較付款交單託收大得多。

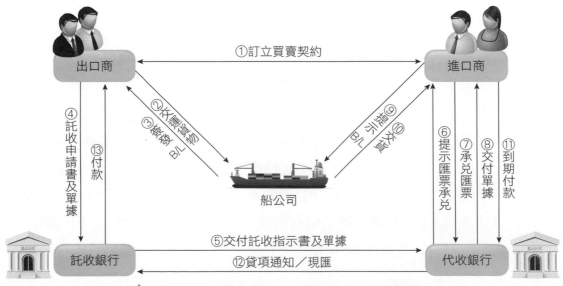

🔶 圖 3-3　承兌交單 (D/A) 貿易方式作業流程圖

說明：

　①～⑤與即期付款交單①～⑤同。

　⑥代收銀行收到託收銀行託收指示書及單據後，即向進口商提示承兌。

　⑦～⑧匯票經承兌後，即將單據交給進口商。

　⑨～⑩進口商取得單據後，即可向運送人辦理提貨手續。

　⑪匯票到期，進口商將票款付給代收銀行。

　⑫～⑬與即期付款交單⑪～⑫同。

在這裡要補充說明的是：

⑴在各國的跟單託收方式交易中，遠期付款交單和承兌交單託收比即期付款交單託收占較大的比重。

　在上述兩種遠期金融單據（匯票）中，一般而言，使用付款交單條件又比承兌交單多。原因很簡單，在付款交單條件之下，出口商在進口商承兌匯票之後，貨未脫手，遭受全部損失的可能性較少；而承兌交單則貨物光憑進口商在匯票上承兌就被提走，萬一進口商到期拒付，則貨款將落空。

⑵貨到後見票的「習慣」：按付款交單或承兌交單條件成交的交易，從理論上說，進口商的義務是見到匯票即需付款或承兌。但實務上，進口商在跟單託收方式下並不完全這樣做，而是要求按所謂「習慣」辦事。也就是說，要求貨物到達進口港後才「見票」（付款或承兌）。如果貨物沒有到達進口港，進口商就有逃避付款的藉口。這一「習慣」有時成為契約中的一個條款，出口商則在託收申請（指示）書中寫明「俟貨到後才提示匯票」(Hold for Arrival of Goods)，或者在匯票中寫明俟貨物到達後才付款或承兌的文句。即使契約中沒有這種約定，許多國家（例如中南美洲國家）的進口商，仍然強調這種「習慣」（須知關於匯票兌付的法律，是以屬地法為準）。出口商採取的對策，是在契約中明確規定進口商「應該在匯票第一次提示時

即行付款（或承兌）」。這一規定不一定能完全發生效力，但至少當進口商提出上述「習慣」來拖延付款（或承兌）時，出口商可處於比較主動的地位。

當匯票註明「貨到付款（或承兌）」條款時，付款（或承兌）即以貨物運到為前提條件，匯票因之失去了「無條件付款命令」的特點，持票人失去了票據法的保障。銀行對於讓購這種匯票將會有顧慮。因為在貨物不能到達進口港的場合，付款將不能實現。銀行只有在雙方客戶都比較可靠、貨物投保了適當的險類，並由銀行掌握了保險單時才會讓購這種匯票。

㈡未附隨金融單據的跟單託收

指委託人僅將商業單據交由銀行代收，而未附隨金融單據者。此種託收較少見。

三、直接託收

直接託收是指賣方（即委託人）將從賣方往來銀行（即託收銀行）取得載有銀行預先編號的託收表格填妥託收指示後，由其將託收單據及已填妥的託收表格逕寄買方往來銀行（即代收銀行），同時也將已填妥的託收表格副本送交賣方的往來銀行，並告知賣方往來銀行已將單據直接寄至代收銀行。該項託收表格應明確載明：

⑴本筆託收是適用 URC 522 的規定。

⑵代收銀行將以視同收自託收銀行者同樣的方式處理。

直接託收項下，由於委託人將託收單據自行逕寄代收銀行，可加速收款進度。國際商會在 1995 年 10 月出版的 URC 註釋 (ICC Publication No. 550) 中明確指出：URC 522 適用於直接託收。

 第四節 託收方式貿易的利弊

隨著國際交通的快捷便利，各國大型企業紛紛採取跨國籍的多國化策略，母子公司或關係企業間的往來與交易，日益頻繁。再加上保險制度的發達，託收方式貿易在國際貿易中的地位益趨重要。茲將託收方式貿易對進、出口商的利弊，分述如下：

 一、對出口商而言

1.利

(1)手續簡單又費用低廉：在託收方式貿易中，一經訂立契約出口商即可依契約規定，將貨物裝運出口，不像信用狀貿易，需收到信用狀後才出貨並依信用狀規定辦理押匯，作業方式簡單且委託銀行代收的手續費也較低廉。

(2)提高競爭能力：就進口商立場而言，進口商較喜歡選擇以託收方式交易。因託收方式付款，對進口商較有利。所以，出口商若採託收方式交易，將較容易獲得訂單，且提高拓展外銷市場的競爭力。

(3)保障權利：在付款交單的場合，出口商控制代表貨物所有權的單據，直至進口商付款為止。萬一遭拒付，尚可指示銀行安排貨物的交出 (Release)、保全 (Protection)、倉儲 (Warehousing) 或重新裝運 (Re-shipment) 等事宜；而在承兌交單時，出口商亦可根據進口商承兌的匯票，請求兌付票款，藉此保障其收取貨款的權利。

(4)獲得融資：經由輸出保險的安排，或政府政策性的輔導，大多可獲得外銷融資，便利其營運周轉。

(5)聲譽良好的代收銀行可能代出口商催收貨款，收到進口商本想拖欠的貨款。

2.弊

⑴資金凍結：在託收方式交易，出口商將貨物裝運出口，需於國外代收銀行收妥貨款並匯入國內託收銀行所指定帳戶後，才可收回價款。因此，若無銀行融資的配合，營運資金易遭凍結，對出口商較為不利。尤其，若逢載運船舶入港時間遲延，或核發輸入許可證拖延時，也將影響進口商付款或承兌的時間，這樣一來，出口商收回價款的時間也就更慢。

⑵信用風險較大：託收過程中，因無銀行信用作為付款的擔保，進口商往往在市場行情變動激烈時，拒絕提貨或遲延付款，或藉種種理由挑剔要求減價，或進口商因破產或倒閉而無法支付貨款等，出口商缺乏保障。

⑶延滯費用：如果進口商拒收貨物，則倉儲費用、保險費、延遲停泊費等，將造成出口商的重大損失。除非出口商能依據買賣契約對進口商起訴，收回違約的損害賠償。但事後追究畢竟較為不利。

⑷政治風險（含外匯、外貿管制風險）：因政治或經濟原因，進口國改變外匯貿易政策，進口商無法申領到輸入許可證，或申請不到外匯，以致貨物運抵進口國港而無法進口，或不能付款。

⑸匯率變動風險：出貨在前，收款在後，因此若以外幣交易，則難免不遭遇匯率變動風險。

⑹代收銀行資信欠佳：代收銀行收到貨款後，未及時將貨款匯付託收銀行，在此期間，若代收銀行陷入財務惡化或倒閉，則出口商即無法收回貨款。有時甚至代收銀行與進口商勾結，提貨後以各種藉口拒付，出口商也將蒙受損失。

⑺市場風險：商品本身的風險，如跌價、過時，不符海關、衛生規章。

 二、對進口商而言

1.利

⑴節省費用：若以託收方式代替信用狀方式付款，則進口商將不必支

付開狀手續費及開狀保證金，從而可降低進口成本，提高貨品競爭力。

(2)可檢查貨物或單據：在付款交單的場合，進口商在付款前，可事先查驗單據中描述的貨物數量、品質、規格等。在承兌交單的場合，更可在付清票款前，檢查貨物是否與買賣契約所約定的一致，有無瑕疵，藉此適當保障其權利，降低交易風險。

(3)資金調度靈活：進口商不需於貨物裝運出口時即付清價款。採用付款交單方式時，可約定進口商於貨物抵達後（非單據抵達）才付款領回單據；而採承兌交單時，更可於承兌後即提領貨物、轉售，直至付款期限屆滿時才支付貨款，使資金調度更為靈活、容易。

2.弊

(1)在付款交單的場合，進口商付款提領貨物後才發現貨物不符契約規定或有瑕疵者，只能事後補救。在承兌交單的情形，提領貨物後發現類似上述情形時，雖可要求減價或拒絕付款，但就法律上言，對於已經承兌的匯票，進口商仍需負票據上的付款責任。

(2)由於出口商簽發匯票的錯誤或疏漏，致匯票遭受拒付或作成拒絕證書時，進口商聲譽可能受損。

(3)由於代收銀行信譽問題，承兌了遠期付款交單下的匯票，但到時無法取得有關商業單據。

 **第五節　託收方式貿易風險的規避**

 一、出口商規避風險的方法

跟單託收貿易雖然比匯付方式交易來得安全，但是託收貿易是建立在商業信用基礎上，與以銀行信用為基礎的信用狀交易比起來，其所面臨的風險大得多。其面臨的風險及規避風險的方法，歸納起來有以下幾種：

⑴資金凍結風險：可安排資金調度措施。託收方式的出口，尤其以承兌交單方式出口時，因收回貨款需一段時間，如無充足的周轉資金，就不可輕易以此種方式貿易。雖然，憑輸出保險或可自銀行獲得融資，但如對於資金的調度事先沒有充分的計畫，則可能發生資金周轉的困難。

⑵信用風險：可加強徵信做好信用管理。託收方式的交易，其風險較信用狀方式交易大得多。所以賣方在進行交易之前，必須先就買方的信用作詳實徹底的調查，全面了解其資信情況和經營作風，如調查結果為買方信用良好，才可考慮以託收方式交易，並憑以決定授信額度 (Credit Line)。每批託收金額不宜太大，期限不宜太長。此外，出口商應經常調查進口商的資信狀況。

為了考驗進口商的誠意和資力，出口商有時也可要求進口商預付一部分貨款（如從 5～25%），作為以跟單託收方式發貨的前提。有時也可要求採用部分「信用狀」方式，即 5～25% 以信用狀方式付款，其餘部分辦理託收。

另外，建立健全的管理制度，定期檢查，及時催收清理，若發現問題，應及時採取措施，以避免或減少損失。

⑶政治風險：

①經常調查進口地貿易管制、外匯管制情形的變化。例如：對於有關的商品，對方國家進口時是否需要許可證。如果需要，則應在確實了解進口商已領到許可證之後再發貨。謹慎的出口商還要進口商將許可證交給指定的代收銀行保管，並只在代收銀行向出口商證明收妥許可證並報告許可證的有效期限以後才發貨。又如許可證的核發，是否意味著外匯也已自動批准，還是需要另外申請。申請時間限於何時，外匯是否有不批准的可能。還有，進口國對於那些商品明文規定不准以託收方式進口等。

②經常注意進口國政治、軍事及經濟是否穩定：如進口國政治惡化，

軍事及經濟情況不穩定，則應避免以託收方式交易。

(4)市場風險：調查清楚進口地有關交易貨品市場的胃納大小、行市是否有趨跌可能等等；在發貨時注意每批數量不超過某一限度，以免進口商拒付而另行出售時，在價格上吃大虧。

①調查清楚進口地倉庫情況，以免萬一被拒付時貨物無法存倉。

②考慮進口地的付款習慣：有些地區習慣以託收方式貿易，有些國家不流行託收方式貿易，甚至禁止以託收方式貿易。習慣上使用託收方式的地區，賣方才可考慮以託收方式貿易。

③貨物應以不易腐爛變質者為限：鮮魚類、牲畜、鮮果菜蔬等均不適宜以託收方式出口。此外，易變質的貨物以及冷凍食品，賣方可能無法控制買方提貨的時間，因此，最好也不要以託收方式出口。

④運輸單據的受貨人應做成指示抬頭 (To Order) 然後再背書。嚴格按照買賣契約規定裝運貨物、製作單據，以防止買方找到藉口拒付。

(5)法律風險：調查清楚進口地有關各項法律、政策、海關及衛生當局的規章。例如：貨到多少天必須報關，否則沒收或處罰；那些商品到貨後不立即提走，則將被衛生當局視作妨礙公共衛生而銷毀等等。在上述這種情形，出口商應①盡速寄出提單，並預先約定可靠代理人，在必要時代辦報關提貨等手續；②對易被銷毀的貨物，爭取不以託收方式成交，而改按信用狀方式交易。

(6)匯率變動風險：規避匯率變動風險的方法很多，諸如以本國幣計價、以強勢貨幣計價、預售外匯或在售價部分酌予提高等等。

(7)在進口地事先安排預備人（代理人），以便萬一遭到拒付時，可委託代理人辦理貨物存倉、保險、轉售或運回等事情，以免不必要的損失和支出。

(8)盡量避免以遠期付款交單方式交易。

⑼盡可能以 C&I 或 CIF 或 CIP 條件交易，以免貨物在途中出險，進口
　商又不能付款贖單時，出口商持有保險單，可憑以向保險公司索賠。

⑽嚴格審單、製單。

以上各種風險中，出口商可投保輸出保險來規避信用風險及政治風險。
關於信用風險，必要時可要求進口商提供銀行保證函或擔保信用狀規定進
口商不履約時，出口商可憑以兌款。至於資金調度方面，也可要求輸出保
險機構，憑保單辦理融資。

 二、進口商規避風險的方法

在託收貿易，進口商顯然處於較有利的地位，須特別注意的事項較少。
但在託收貿易，進口商並無事先檢查貨物之權。若出口商存心詐騙，可能
以託收方式引誘進口商，再以劣貨或假單據詐欺進口商。

因此，為了規避上述風險，可採取下列措施：

⑴信用風險：慎重選擇交易對象，充分調查出口商的資信情況及經營
　作風。

⑵在託收的兩種交單 (D/P、D/A) 方式中，最好選擇承兌交單方式。

⑶對出口商提示的單據予以嚴格的審核，防止單據偽造。另外，可要
　求出口商提供國際上有信譽的檢驗機構所出具的檢驗證明書，以確
　保品質、數量無誤。

 **第六節 適合託收方式貿易的情形**

託收對出口商而言，風險較大，但是出口商為什麼仍然願意採用這種
付款方式呢？那是出口商有時為了推銷產品不得不採用這種受進口商歡迎
的貿易方式。以下就適合付款交單及承兌交單付款方式的情形分述。

一、適合付款交單付款方式的情形

⑴進口商不願以信用狀方式付款，其信用雖尚佳，但無法令出口商十分放心，出口商卻不願放棄交易機會時，即可利用付款交單方式交易。

⑵競爭劇烈：進口商要求以遠期付款交單方式交易，則可以貨物運到時才付款，從而降低進口成本。事實上，這種付款方式幾近「交貨付現」(Cash on Delivery) 條件，對進口商很有利。

⑶貨物在國外市場易於處分時：萬一進口商拒絕付款贖單，貨物容易轉售，出口商風險不致太大。

⑷當地付款習慣以付款交單方式交易時。

⑸在進口地派有長駐人員或特約的當地代理人時：這些人不僅可作為遭拒付時的代理人，而且可以代表出口商在進口地活動，如調查進口商資信、當地法令習慣、市況等。

⑹出口貨物為易腐品時，只能採用即期付款交單方式，而不能採用遠期付款交單方式。因為貨物到達進口港時，如不立即提領，就將變為廢物。有些國家，除非提供鉅額保證金，否則無法辦理擔保提貨，如採付款交單則不僅不經濟，也不合理。

⑺如貨物需以雇船方式運輸（如液體貨物）、須船邊提貨者（如石油、液體瓦斯），若以付款交單交易，事實上並不合理或不可能。

⑻在某些拉丁美洲國家，如秘魯和玻利維亞，有特殊的當地慣例，代收銀行只接受辦理即期付款交單託收的委託，而把遠期付款交單當作遠期承兌交單處理，於進口商承兌後即把單據交付進口商。換句話說，遠期付款交單條款，對他們來說似乎不生拘束力，所以不宜以遠期付款交單方式交易。

⑼交易貨品以不易腐爛者為限。

二、適合承兌交單付款方式的情形

(1)進口商資信良好。

(2)競爭劇烈：進口商要求在付款前先獲得貨物才願購買時。

(3)匯票經承兌後可獲得貼現：出口商以承兌交單方式出口，進口商雖尚未付款，但經其承兌的匯票，出口商可以貼現方式很快取得貨款時。

(4)出口商可在匯票上記載利息條款，將其授信期間的利息轉嫁給進口商負擔時。

(5)貨物在國外市場易於處分且不易腐壞時。

(6)當地付款習慣以承兌交單方式交易時。

(7)在進口地有長駐或特約代理人時。

(8)交易貨品以不易腐爛者為限。

 第七節 **託收方式貿易契約重要條款的約定**

託收交易的買賣契約，與信用狀結算時的買賣契約，需約定的契約項目及內容，幾乎完全相同。但結算條件為付款交單或承兌交單時，關於 Payment 的條款，須明確表明，其為付款交單或承兌交單。託收交易因非依存信用狀的交易，所以契約內容應力求完備。

一、關於信用額度 (Credit Line) 的設定

(1)信用額度及控制：例如以 US$100,000 為限。

(2)放帳期限的長短：例如六十天、九十天。

(3)提早付款的優待：

　　①按提早日數以年利×××% 給予折扣。

　　②按提早日數給予×××% 折扣。

(4)逾期付款時按×××% 利率計息，或停止交易或改變付款方式。

二、託收方式貨價的計算

1.價格計算考慮因素

在一般貿易實務書籍介紹的出口價格計算方法，是以信用狀付款方式為基礎。在付款交單、承兌交單方式的交易，其價格的計算，考慮因素略有不同，通常應考慮：

(1)銀行費用：

①託收手續費：0.05%。

②郵電費：視地區不同而異。

③推廣貿易服務費：0.04%。

(2)徵信費。

(3)輸出保險費（向中國輸出入銀行投保）。

(4)自裝船日至收到貨款期間的利息。

(5)其他。

2.貿易條件

最好以 C&I、CIF 或 CIP 條件交易，由出口商安排保險。當交易以託收方式而非以信用狀方式進行時，出口商事實上不能不關心裝船以後到付款以前貨物可能遭到的種種風險。因此，由出口商安排保險、掌握保險單，在貨物萬一出事而進口商又拒絕付款時，出口商就可以主動向保險公司索賠。如果按 FCA、FOB、CFR 或 CPT 條件成交，則當貨物出事而進口商又拒付時，可能出現以下兩種情況：

(1)進口商可能未保險，或雖已投保而未保足，或未保必要的險類。此時，損失將落在出口商頭上，雖然理論上他有權以進口商違約拒付為理由，向其索賠，但後果如何已成問題。

(2)即使進口商確已投保了必要的險類，發生損失時可以獲得保險公司的賠償，但保險單掌握在進口商手中，提單等單據掌握在出口商（或其代理人）手中。為了要達到索賠的目的，出口商必須將提單轉讓

給進口商。可是，當雙方關係已因拒付而緊張時，能否在索賠問題上合作，是一個問題。

由於上述原因，從出口商的角度來看，最現實的辦法還是自己買保險。事實上，即使出口商對進口商有很大信任，同意按 FCA、FOB、CFR 或 CPT 交易，但當他向託收銀行洽談融資時，託收銀行一般也堅持掌握保險單，結果還是非以 C&I、CIF 或 CIP 條件交易不可。

如非按 FCA、FOB、CFR 或 CPT 條件交易不可，則宜投保「或有保險」(Contingency Insurance) 又稱賣方利益險 (Sellers' Contingent Interest Risk)，以防萬一貨物遇險，買方未投保又拒付時，可由賣方自己向保險公司索賠，仍有保障。或有保險條款的內容，視保險公司與被保險人的約定而定，茲舉一例於下：

Contingency Clause

The goods described in this policy are insured subject to the attached clauses against the risk specified, but this insurance covers seller's interest only. Claims in respect of loss or damage to the goods shall be payable hereunder if and to the extent that the buyer fails to pay for such lost or damaged goods.

Underwriters to be subrogated to the assureds rights against the buyer as well as other parties.

Any assignment of this policy or of any interest or claim hereunder shall discharge underwriters from all liability whatsoever.

 三、運輸方式

運輸方式以海運為原則，避免空運及郵寄。因為空運提單為直接提單，郵政包裹收據則僅為一種收據而已，均無法背書轉讓。若逕以買方為受貨人，則賣方無法控制貨物，若以代收銀行為受貨人，則代收銀行未必肯接受。

四、付款條件（託收條件）

㈠以付款交單條件交易時

以付款交單付款方式交易時，具體的付款條件表示方法，約有下列幾種：

1.即期付款交單 (D/P at Sight)

⑴ Payment by sight draft, documents against payment. Documents shall include:

①Commercial invoice in triplicate

②Full set of clean ocean B/L

③...

⑵ The seller shall after shipment send through the seller's bank a sight draft drawn on the buyer together with the documents specified in clause...hereof to the buyer through the buyers bank for collection. The shipping documents are to be delivered against payment only.

⑶ Upon first presentation the Buyers shall pay against documentary draft drawn by the Sellers at sight. The shipping documents are to be delivered against payment only.（買方應憑賣方簽發的即期匯票，於見票時立即付款，付款後交單。）

實務上有時用比較簡單的方式表現，例如：

⑴ D/P at sight

⑵ D/P sight

2.到貨付款交單 (D/P on Arrival)

Payment by draft payable on arrival of the vessel, documents against payment (or D/P on arrival of the vessel). Documents shall include;

⑴ Commercial invoice in triplicate

⑵ ...

3. 遠期付款交單 (Usance D/P)

⑴ D/P at...days after B/L date:

① Payment by draft payable 30 days after on-board B/L date, documents against payment (or D/P 30 days after on-board B/L date). Documents shall include:

‧ Commercial invoice in triplicate

‧ ...

② The buyers shall pay against documentary draft drawn by the sellers at ×××days after date of B/L. The shipping documents are to be delivered against payment only.（買方應憑賣方簽發的跟單匯票於提單日後×××天付款，付款後交單。）

實務上表現方式:

① D/P 60 days after on-board B/L date.

② Documents against payment at 60 days after on-board B/L date.

⑵ D/P at...days after sight; D/P at...days' sight:

The buyers shall duly accept the documentary draft drawn by the sellers at ×××days' sight upon first presentation and make payment on its maturity. The shipping documents are to be delivered against payment only.（買方對賣方簽發的見票後×××天付款的跟單匯票，於提出時即予承兌，並應於匯票到期日即予付款，付款後交單。）

實務上，則以下列方式表達，例如:

① D/P at...days' sight

② D/P at...days' after sight

⑶ D/P at...after date of draft:

The buyers shall pay against documentary draft drawn by the sellers at ×××days after date of draft. The shipping documents are to be delivered against payment only.（買方應憑賣方簽發的跟單匯票，於發票日後×××天付款，付款後交單。）

⑷ D/P at...(date)/D/P at Oct. 30, 20–/Documents against payment at Oct. 30, 20–

以付款條件 1（即即期付款交單）交易者，將匯票向付款人提示時，付款人即須付款。因裝運後，備妥單據及匯票，委託託收轉寄進口地代收銀行，向進口商提示付款，需有一段時間，所以買賣價格中，應將這一段時間的利息估入，其利息的估算方法如下：

$$估計利息 = 買賣價格 \times (\alpha + 郵遞期間 + \beta) \div 365 \times 年利率$$

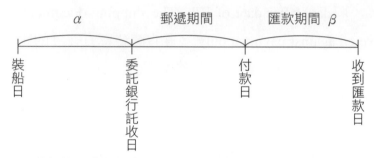

α：裝船後，準備單據送到銀行託收時所需日數。
郵遞期間：託收銀行憑單據寄到代收銀行請其提示承兌時所需日數。
β：指付款後至收到匯款時所需日數。

以付款條件 2（即到貨付款交單）交易時，須俟載貨船到達進口港才付款，因此買賣價格中應將裝船日至匯回貨款時為止此一段利息計入，其計算方法如下：

$$估計利息 = 買賣價格 \times (標準航海日數 + \beta) \div 365 \times 年利率$$

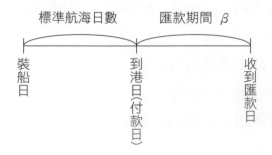

以付款條件 3（即遠期付款交單）交易時，於裝船日後三十日為付款日。因此，買賣價格中應將裝船日至收到匯款日為止這一段期間的利息估入，其計算方法如下：

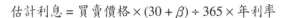

$$估計利息 = 買賣價格 \times (30 + \beta) \div 365 \times 年利率$$

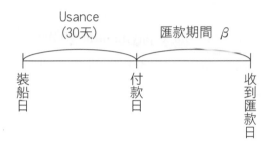

㈡以承兌交單條件交易時

以 D/A 託收方式交易時，付款條件的表示方法，約有下列幾種：

1. 見票後⋯⋯天付款 (D/A at...days after sight)

⑴ Payment by draft payable 90 days after sight, documents against acceptance (or D/A 90 days after sight). Documents shall include:

① Commercial invoice in triplicate

② Full set of clean ocean B/L

③ ...

⑵ The Buyers shall duly accept the documentary draft drawn by the sellers at 90 days' sight upon first presentation and make payment on its maturity. The shipping documents are to be delivered against acceptance.（買方對賣方開具的見票後 90 天付款的跟單匯票，於提示時應即承兌，並應於匯票到期日即予付款，承兌後交單。）

2. 提單日後⋯⋯天付款 (D/A at...days after B/L date)

⑴ Payment by draft payable 90 days after on-board B/L date, documents against acceptance (or D/A 90 days after on-board B/L date) date.

Documents shall include:

① Commercial invoice in triplicate

② Full set of clean ocean B/L

③ ...

(2) The buyers shall duly accept the documentary draft drawn by the sellers upon presentation and make payment at 90 days after date of B/L. The shipping documents are to be delivered against acceptance.（買方對賣方開具的跟單匯票，於提示時承兌，並應於提單日後 90 天付款，承兌後交單。）

3. 貨到後……天付款 (D/A at...days after cargo arrival)

Payment by draft payable 90 days after cargo arrival, documents against acceptance (or D/A 90 days after arrival of the vessel). Documents shall include:

(1) Commercial invoice in triplicate

(2) Full set of clean ocean B/L

(3) ...

4. 固定到期日後付款 (D/A on...(fixed date))

Payment by draft payable on Dec. 31, 20– (fixed date), documents against acceptance (or D/A Dec. 31, 20–). Documents shall include:

(1) Commercial invoice in duplicate

(2) Full set of clean ocean B/L

(3) ...

5. 發票日後……天付款 (D/A at...days after date)

Payment by draft payable 90 days after date of draft, documents against acceptance (or D/A 90 days after date of draft). Documents shall include:

(1) Commercial invoice in duplicate

(2) Full set of clean ocean B/L

⑶ ...

6.通關後……天付款 (D/A at...days after customs clearance)

Payment by draft payable 90 days after customs clearance, documents against acceptance.（憑付款日為通關後 90 天的匯票付款，承兌交單。）

在實際業務中，契約中的 D/A 託收條款，有時往往訂得比較簡單，例如：

⑴見票後 90 天付款：

D/A at 90 days sight 或 D/A at 90 days after sight

⑵ D/A 提單日後 90 天付款：

D/A at 90 days after B/L date

⑶ D/A 貨到後 90 天付款：

D/A at 90 days after arrival of cargo

⑷ 20– 年 10 月 31 日付款：

D/A due at Oct. 31, 20–

⑸發票日後 90 天付款：

D/A at 90 days after date of draft

若買賣雙方往來密切、交易時間已久，對各種託收方式的含義和作法，以及對上述託收條款的簡化訂法，有完全一致的理解，則在買賣契約中以上述簡化方式規定付款條件，也可接受。

現就本項（即㈡以承兌交單條件交易時）有關各種託收方式，應計入買賣價格中的利息問題說明於下：

以付款條件 1（即見票後……天付款）交易時，以匯票承兌後 90 天為付款日，本條件較適合於總分支公司之間的託收交易，如 Usance 期間的利息由出口商負擔，則買賣價格中應將此期間的利息估入。其計算方法如下：

$$估計利息 = 買賣價格 \times (\alpha + 郵遞期間 + 90 + \beta) \div 365 \times 年利率$$

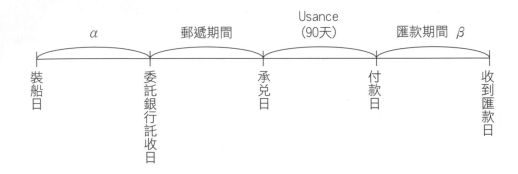

以付款條件 2（即提單日後……天付款）交易時，以裝運日後 90 天為付款日，本條件對出口商而言，較易於計算 Usance 期間的利息，裝運後，即使延誤送交銀行託收時間，因付款日已確定，出口商也不致造成損失。就出口商而言，本條件比付款條件 1 為優，如 Usance 期間利息由出口商負擔，則其應估入買賣價格的利息計算方法如下：

$$估計利息 = 買賣價格 \times (90 + \beta) \div 365 \times 年利率$$

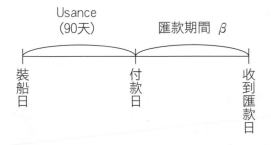

以付款條件 3（即貨到後……天付款）交易時，以載貨船到達進口港後 90 天為付款日，採用此條件，如載貨船途中沉船，出口商或將無法獲得兌付，或將負擔鉅額的延滯利息（即使以裝運地條件，如按 FOB、CFR 交易）。因此，不宜以此條件交易，尤其以 FOB 或 CFR 條件輸出，而進口商可能未事先買保險時，更宜注意。

又如 Usance 期間的利息，如約定由出口商負擔時，買賣價格中，應將期間（例如 90 天）的利息估入。其估算方法如下；

$$估計利息 = 買賣價格 \times (標準航海日數 + 90 + \beta) \div 365 \times 年利率$$

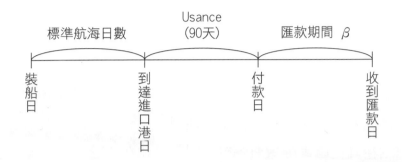

以付款條件 4（即固定到期日後付款）交易時，在訂約時確定付款日，故又稱為確定日付款交易，在國內交易，以這種方式交易者居多，但在國際貿易方面則很少採用，如 Usance 期間利息由出口商負擔，則其應估入買賣價格的利息計算如下：

$$估計利息 = 買賣價格 \times (裝船日至付款日期間 + \beta) \div 365 \times 年利率$$

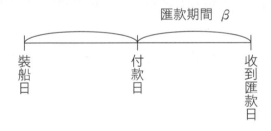

以付款條件 5（即發票日後……天付款）交易時，以匯票發票日後 90 天為付款日，本條件與付款條件 2 類似，但在國際貿易中很少採用。

以付款條件 6（即通關後……天付款）交易時，以貨物到達進口地通關後 90 天為付款日，本條件對出口商很不利，故實務上很少採用。

五、所有權保留條款

所有權保留條款是為防範買方破產或無法清償貨款時，賣方利益仍有所確保的約定。雖各國對這種條款賦予不同的效力，但所有權保留條款的共通點，是指賣方保留其貨物的所有權至買方依約給付部分或全部價款為

止。換言之，在價款未付清之前，貨物的所有權不移轉。

在我國，此條款的效力規定於動產擔保交易法中的附條件買賣（第 26 條至第 31 條）。此為補充民法（第 348 條第 1 項、第 369 條、第 370 條），而優先適用於動產買賣關係上（物之移轉及價金之支付），也即民法的規定原為對待給付，今乃由「先占有買賣的標的物，後取得其所有權」以為原則的補充，此為保護賣方交易安全的法制。

此條款在其他國家的效力各有不同。例如在德國，依德國民法第 455 條，買賣雙方只要有此條款的約定，賣方對貨物的所有權恆受保護，直至買方為部分或全部的給付，且得單純地以該條款對抗破產的買方，破產管理人應將貨物返還賣方。此條款的約定還有一效力，即賣方雖保留貨物的所有權，但貨物的風險，歸由買方負擔，而非附隨於保留所有權的賣方。但是如貨物在運送途中，買方已破產，則其破產管理人得依保留條款，給付價金而取得貨物的所有權，或不給付價金，而於貨物運抵進口港時返還賣方。

在法國，此一條款固可拘束買方，但不得對抗破產的買方，但在買方宣告破產前，賣方已就所有權保留條款起訴於法院，進行對買方返還貨物的請求，則嗣後買方的宣告破產，並不能阻卻保留條款的效力。

 六、其他應約定事項

1.索賠條款

例如約定貨款未付清前，不得索賠：

> ・Buyer's claim, if any, shall not be entertained before the relative payment is completely made or the draft is duly honored.
>
> ・No claim shall be entertained before payment is made or draft is duly honored.

2.費用、利息的負擔

賣方如欲由買方負擔代收銀行的代收手續費及（或）其他費用時，或以承兌交單付款條件交易，欲使買方負擔遠期匯票利息時，均應於買賣契

約中約定清楚，以免引起爭議。

3.單據種類及份數應明確約定

買方付款或承兌時，賣方應提示的單據種類及其份數，應於契約中明確約定，以免引起爭議。

 **第八節　委託人對託收銀行的指示事項**

 一、委託人指示的重要性

指示託收銀行於發生某種情況時應遵守的步驟，是委託人的權利與義務，別人無從代庖。委託人指示的原則，首須符合法律規章、URC 522 及商業習慣。其次，其指示必須完整而精確。

若委託人的指示符合法律規章、URC 522 及商業習慣，則託收銀行不得對其指示表示異議。反之，其指示如託收銀行認為窒礙難行，則託收銀行得拒絕受理。託收銀行如接受委託人不合常例的指示，而不表示異議，或雖表示異議，但未獲委託人同意，則不能漠視或改變其指示。

委託人的指示須完整而精確，俾銀行有所遵循。如委託人的指示疏漏，而託收銀行又無法在單據寄往代收銀行之前獲得澄清，則託收銀行得依法律規章、URC 522 及商業習慣，自行作最佳裁奪。但託收銀行應讓委託人知悉其所補充的事項，並取得其承認。以下就委託人於委託銀行代收時，在託收指示（申請）書上應作的指示事項予以說明。

 二、委託人的指示事項

㈠付款人的詳細地址或辦理提示處所

依 URC 522 Art. 4 (c) (i) 規定：「託收指示書上應記載付款人的詳細地址，或辦理提示的處所。如該地址不完整或錯誤時，代收銀行得設法認定

其正確地址，但其並無此項義務與責任。」申言之，第一、託收指示書上，應記載付款人的詳細地址或辦理提示的處所。其地址或處所原是記載以供代收銀行向付款人提示者，但實務上均由銀行向該地址或處所發函通知付款人，告以單據已寄達，請前來辦理承兌或付款。第二、如付款人地址不完整或錯誤，代收銀行得設法查出其正確地址，但如無法查出時，代收銀行不負責。在此情形，代收銀行應立即通知託收指示書所由收受的銀行，請其作進一步的指示。

㈡代收銀行的指定

依 URC 522 Art. 5 (d) 規定，代收銀行可由委託人指定，如委託人未指定時可由託收銀行或其他銀行指定。委託人指定代收銀行，可能是因進口商的要求。以下就進口商、委託人（出口商）及託收銀行指定代收銀行的情形，予以比較分析。

1.進口商指定代收銀行的場合

進口商指定代收銀行是指進口商於買賣契約中指定代收銀行，而由出口商於委託銀行代收時，依進口商的意願指定代收銀行。

在託收方式貿易中，進口商可能要求由其指定代收銀行。該指定的代收銀行通常是在進口商所在地，且為其往來銀行。進口商作此要求的動機，一般說來是因對其比較有利，與自己關係密切的銀行往來，可享受到較親切周到的服務和較多的便利（如擔保提貨或信託收據的使用較易獲得）。此外，進口商也可能基於「報答」該銀行的心理，而作此要求。因將代收業務交給該銀行，則該銀行不但可獲得一筆手續費，還可獲得外匯買賣的差益，他如為避免出口商或託收銀行所指定的代收銀行為進口商所厭惡，或曾與其有過糾紛，乃往往事先指定代收銀行。

進口商所指定的代收銀行若為出口商所熟悉且印象不惡者，其要求固然可接受，但是出口商若輕率接受進口商的指定代收銀行，則可能會使他陷入不利的境地。例如進口商所指定的代收銀行：①可能收取較昂貴的手

續費；②工作效率較低，影響收款速度；③根本是假銀行；④進口商與代收銀行勾結等，均將使出口商蒙受不利。

即使無上述情形，出口商仍可能蒙受不利，原因是：出口商於委託銀行代收時，指定了進口商所指定的代收銀行，託收銀行便依其指示與代收銀行締結第二個委託契約。在此情形下，託收銀行對於代收銀行的選任是否合適，及代收銀行處理託收事務的錯誤及疏漏不負責任。代收銀行若是由託收銀行指定，則託收銀行須對代收銀行的選任善盡合理的注意義務。

2.出口商（委託人）指定代收銀行的場合

出口商指定代收銀行，可能是應進口商的要求，也可能是基於自己的理由，不管為何種理由，只要該代收銀行確實存在，且託收銀行並無該銀行信譽欠佳的資料，則此項指示通常會被接受。如果託收銀行不願接受，應請出口商另指定代收銀行，或拒絕受理該託收案件。

若由出口商指定代收銀行，則託收銀行對於代收銀行的選任不負責任，此與前述進口商要求指定代收銀行的情形相同。因此，出口商除非有特別的理由，否則以不指定代收銀行為宜。

3.託收銀行指定代收銀行的場合

若出口商未指定代收銀行，則依 URC 522 Art. 5 (d) 規定，可由託收銀行指定。這種情形對出口商而言，有兩點好處：①為託收銀行在選擇代收銀行時，是以專業知識為之；②因託收銀行須負善良管理人的注意，對出口商較有利。

由託收銀行選擇代收銀行，對託收銀行也較有利，如果託收銀行在進口地有分支行，則可交由分支行代收，藉以增加業績；如在進口商無分支行，則可將其交由往來銀行代收，促進友好關係。

㈢遠期匯票單據的交付條件

遠期匯票可分為承兌交單遠期匯票與付款交單遠期匯票，但兩者極易混淆。若代收銀行誤將付款交單遠期匯票認作承兌交單遠期匯票，在付款

人承兌匯票時，即將商業單據交給付款人，將來付款人若拒付，後果則不堪設想。因此，將跟單遠期匯票委託代收時，應將交單條件明確指示，以杜糾紛 (URC 522 Art. 7)。

㈣是否作成拒絕證書

付款人拒絕承兌 (Non-acceptance) 或拒絕付款 (Non-payment) 時，應否作成拒絕證書 (Certificate of Protest)，應明確指示，拒絕證書的目的在證明執票人已經行使票據權利的必要行為，而未實現，其作用在保全執票人向付款人或背書人行使追索權。再說，拒絕證書有時可以免除，用其他法律程序代替。因此，委託人決定銀行應否作成拒絕證書前，宜先了解其利弊。關於此，請參閱第九節說明。至於其措詞如下：

1.拒絕承兌證書

⑴ Protest for non-acceptance.（拒絕承兌時，請作拒絕證書。）

⑵ Do not protest for non-acceptance.（拒絕承兌時，不必作拒絕證書。）

2.拒絕付款證書

⑴ Protest for non-payment.（拒絕付款時，請作拒絕證書。）

⑵ Do not protest for non-payment.（拒絕付款時，不必作拒絕證書。）

㈤託收情況的通知方式

1.拒絕兌付的通知

拒絕承兌或拒絕付款的通知，其通知方式有：

⑴以電傳方式通知：

① Cable advice of non-acceptance.

② Cable advice of non-payment.

⑵以郵遞方式通知：

① Do not cable advice of non-acceptance.

② Do not cable advice of non-payment.

上海商業儲蓄銀行
THE SHANGHAI COMMERCIAL & SAVINGS BANK. LTD.

出口託收申請書
APPLICATION FOR EXPORT D/A OR D/P
DOCUMENTARY COLLECTION

致：上海商業儲蓄銀行 台鑒
TO：THE SHANGHAI COMMERCIAL & SAVINGS BANK, LTD.　　　　　　日期(DATE)：_____

Dear Sirs:

We enclose for **COLLECTION** the under mentioned draft:　　　Your Ref No. O/C：_____

Drawer (shipper)	Amount	Tenor	Drawee (buyer)
		☐D/P ☐D/A	

The following documents are attached to the draft：

Drafts	Invoice	Packing List	Bills of Lading	Cons/Cust Invoice	Cert. Of Origin	Cert. of Insp.	Insurance Policy	Certificate		

Please collect the proceeds through the Collecting/Presenting bank and follow the instructions mentioned below (marked "X")

☐ 付款交單　DELIVER DOCUMENTS AGAINST PAYMENT
☐ 承兌交單　DELIVER DOCUMENTS AGAINST ACCEPTANCE

☐ 免作拒絕證書　DO NOT PROTEST
☐ 郵寄拒付通知　AIRMAIL ADVICE OF DISHONOR
☐ 郵寄付款通知　AIRMAIL ADVICE OF PAYMENT

☐ 作拒付/拒承證書　PROTEST OF NON-PAYMENT/ACCEPTANCE
☐ 電告付款通知　CABLE ADVICE OF PAYMENT
☐ 電告拒付/拒承兌　CABLE ADVICE OF NON-PAYMENT ACCEPTANCE

☐ All charges Outside of Taiwan Including Collecting Bank's commission are to be borne by The drawee which may not be waived.
☐ Interest is to be collected from the drawee at the rate of _____ % per annum from the date of the **draft** to the date of final payment

本筆款項如蒙　貴行收妥後，請依下列付款方式處理，且除下列另有約定外，申請人願立即付清　貴行核定之手續費、郵電費、代墊之稅捐、保險費及銀行間通匯之費用。

1. 本筆款項請☐扣除代理商佣金(金額) _____
2. 扣除上述款項後（如有指示），請按下列方式處理為荷：
　A.☐ 已向貴行辦理預售遠期外匯，文件號碼 _____，請按契約匯率結售(金額) _____ 予貴行。
　　☐ 請按貴行入帳日之匯率，結售(金額) _____ 予貴行。
　　請將結售貴行所得之新台幣，扣除相關費用後，移入貴行存款帳戶 _____ 號。
　B.☐(金額) _____ 請入貴行外匯活期存款第 _____ 號帳戶，
　　相關費用☐請以外幣計，自本筆中扣除。☐請自申請人 _____ 存款第 _____ 號帳戶扣除。
　C.☐ 其他：_____

At our risk, please send the documents through（文件請寄至：）
銀行名稱(Name of Bank)：
地　　址　(full address)：

SPECIAL INSTRUCTIONS：

申請人名稱：
地　　址：
統一編號：
電　　話：　　聯絡人：

申請人茲此簽署本申請書，並確認申請人確已收到、瞭解並同意　貴行與本交易相關一切之文件及資料(包括但不限於貴行標準申請書及申請書下之附加條款編號：OC200706)。By signing this Application, I/we acknowledge that I/we have received, understood and agreed to the terms and conditions, of all documents/materials provided by you that may be applicable to the transactions contemplated herein, including but not limited to your standard application forms for the relevant transactions and the appended Terms and Conditions no：OC200706
申請人
Faithfully yours.

分行驗印

_____
有權人簽章 Authorized Signature

③ Incur no cable expense.（毋須付電傳費。）

2.承兌通知

⑴ Cable advice of acceptance.

⑵ Do not cable advice of acceptance.

3.付款通知

⑴ Cable advice of payment.

⑵ Do not cable advice of payment.

委託人對於託收情況通知方式的指示，銀行原則上應遵照，但須注意者，如代收銀行認為情事緊急，應以電傳方式通知。

㈥提示承兌或付款的時期

是否貨到進口港時才提示承兌或付款？雖然 URC 522 Art. 6 規定提示銀行應盡速為承兌或付款的提示，不得遲延，但有些國家仍有貨船到埠時才承兌或付款的習慣。尤其在付款交單的場合，載貨船須經相當時間才到埠的情形，如載貨船尚未到埠即要求先承兌或付款，則對付款人未免太苛，資金有被凍結之虞。於是乃有到貨付款 (Payment on Arrival) 的約定。此即為俟貨到埠後才付款贖單的辦法，稱為 "Documents against payment of the bill on arrival of goods."。

㈦是否收取利息

由於託收較以信用狀為付款方式者，收取貨款較緩慢，所以，出口商往往在出口貨價中計入預計的利息，以為補償。但，在競爭激烈的場合，出口商常以不包含此項利息的貨價報價，但另外規定，加收自承兌日起至付款日止的利息，以期進口商提前付款。至於適用利率，或以出口地利率為準，或以進口地利率為準，但實務上以前者為準較多。

URC 522 Art. 20 規定：「(a) 如託收指示書中載有收取利息的指示，而付款人又拒絕給付該利息時，除非有本條 (c) 所述情況，提示銀行得視情形

憑付款承兌或其他條件交付單據而不收取該利息；(b) 於應收取利息時，託收指示書中應載明利率、期間，及計算基礎；(c) 倘託收指示書中明示該利息不得放棄，而付款人對於該利息拒付時，提示銀行不得將單據交付付款人，但對於因此而生的任何交單的任何遲到不負責任。利息被拒付時，提示銀行應盡速將其情形以電傳或其他快捷方法通知所由收受託收指示書的銀行。」依此規定：

(1)託收指示書中明定收取利息者，進口商除須支付本金外，尚須支付利息。

(2)託收指示書中未載明收取利息者，進口商只須支付本金，而不須支付利息。

(3)利息條款須載明利率、期間及計算基礎。

利息條款如下：

> Interest is to be collected from the drawee at...% per annum from date of draft to the approximate due date of the arrival of remittance in.... （自匯票寄抵……之適當時日起計息，向付款人收取年息……% 之利息。）

(八)遠期匯票到期前付款的扣息利率

在遠期匯票的場合，若付款人願提早付款，對委託人來說，絕對有好處，因付款愈快，信用風險愈早消失，且可提早運用該筆款項。因此，委託人往往指示付款人提前付款時，得享受扣息 (Rebate of Interest)，以資鼓勵。例如：

If paid before maturity, allow rebate of...% per annum.

委託人於訂定回扣利率時，宜斟酌本國及付款人所在國的利率水準。因為所訂的利率高於委託人本國利率水準，則委託人須考慮如此作是否值得。其考慮因素為：所冒風險的大小及銀行融資的額度。若付款人所在國利率水準較委託人所在國利率水準為高時，此項利率的訂定便須多費思量。而如遠期匯票已向託收銀行貼現，則託收銀行將不願付款人按高於貼現率

扣息，因為如果其扣息率高於貼現率，則託收銀行所能收到的款項，將小於貼現給委託人的款項，此將使託收銀行陷於不利地位。因此，在遠期匯票向託收銀行作貼現時，委託人訂定期前付款的扣息率，尚須考慮託收銀行貼現率因素。

委託人須訂定此項利率的情形，一般是該遠期匯票是以面額向付款人收款，且託收指示書上未載明付款人應負擔利息的場合。若是匯票上已載明利息條款，則付款人提前付款，自然可依其所載利率扣息，無須委託人再作此指示。若匯票上未註明利息條款，而託收申請書上載明應向付款人收取利息時，即應於託收申請書上一併註明若付款人提前付款時適用的利率，且其利率理應等於前者的利率。

㈨部分付款的准否

依 URC 522 Art. 19 規定：「(a) 光票託收的部分付款 (Partial Payment)，如為付款地現行法律所允許，則得依其所允許的範圍內及條件接受部分付款。但金融單據只有在收到全部款項後才可發放給付款人；(b) 跟單託收的部分付款，只有在託收指示書中有特別授權時才得受理。但除非另有指示，提示銀行僅得於收到全部款項後，才可將單據發放給付款人；…… (c) 不管何種情形，部分付款僅於依第 17 條或第 18 條的規定認為適當時，才可受理。如受理部分付款，應依照 URC 522 Art. 16 的規定辦理。」申言之：

⑴在光票託收的場合，如付款地現行法律允許，則提示銀行可依法律規定辦理；在跟單託收的場合，則唯有委託人特別授權的情形下方可辦理。蓋於前者的場合，不是委託人特別信任付款人，就是向付款人追討一筆舊債，因此其部分付款的條件，僅須法律允許即可；而後者的場合，則弊端較多，故限制較嚴。

⑵在跟單託收，其部分付款，提示銀行原則上於收到全部款項後，才發放單據予付款人。但託收指示書中得特別授權提示銀行，於全部貨款收到之前即發放單據予付款人。

⑶所謂依 URC 522 Art. 17 及 URC 522 Art. 18 的規定，認為適當時才可接受者，乃指不因部分付款的允許，而影響託收指示書中關於付款貨幣種類的規定。即原規定以當地貨幣付款者，部分付款時每次均須使用同一當地貨幣，其餘類推。

⑷所謂依 URC 522 Art. 16 的規定辦理，乃指提示銀行每次收得的部分付款款項，均應依照託收指示書中所載規定，匯交託收指示所由收受的銀行，不得遲延，即提示銀行不得要求俟全部貨款收齊後作一次匯寄。

⑸依我國票據法第 73 條的規定：「一部分之付款，執票人不得拒絕。」此與跟單託收的部分付款規定相牴觸。當 URC 522 的規定與我國票據法規定相牴觸時，應依照我國票據法的規定。又我國票據法第 74 條第 2 項規定：「付款人為一部分之付款時，得要求執票人在票上記載所收金額，並另給收據。」關於此點，我國票據法與 URC 522 的立法精神則相同。

綜言之，關於部分付款，雖 URC 522 有所規定，但因與我國票據法的規定牴觸，故於進口託收的場合，我國進口商當然可要求部分付款；而於出口託收的場合，委託人欲指示部分付款是否可行，須先參酌進口地的法令規定，以免造成託收的困擾。然而不管如何，若委託人欲允許付款人於部分付款後即可取得單據，則須於託收指示書上特別授權予銀行。

㈩預備人的指定

在銀行託收，不一定要有預備人。但如委託人欲指定預備人，則須於託收申請書中載明其姓名、地址及其權限 (URC 522 Art. 25)。預備人權限的大小，視委託人於託收申請書上所規定者而定。目前，各銀行為免委託人指示在解釋上發生歧見，均在託收申請書上印有固定格式的條款，以供委託人選擇。委託人如欲作其他特殊的指示時，除非有很好的理由，否則託收銀行將不會接受。預備人的指定，固有助於解決收款糾紛，但如銀行

已墊款者，預備人的指定可能影響銀行對貨物的控制權。因此，在銀行已墊款的場合，對預備人的指定及其權限，宜加限制，以免預備人藉機行使其權限而影響銀行的利益。

在實務上，預備人的權限可分為：

1.全權委託

即預備人全權代表出口廠商處理事務，有權變更出口廠商的委託指示。例如：

Whose instructions with respect to this draft (and the documents, if any) you are authorized to follow. He may also change any of our instructions.

2.部分授權

即出口商授權預備人在一定範圍內可自行解決貨款問題。其授權範圍又可分為：

(1)授權延長天數，例如：

Case of need is empowered to grant delays or extensions not exceeding 10 days.

(2)授權降價，例如：

Reduction not exceeding 3% of value of the merchandise.

(3)善意協助，如授權預備人協助銀行促使進口商早日付款而無其他權利，例如：

Case-of-need will endeavor to obtain the honoring of this draft.

(±)託收費用由何人負擔

委託人應於託收申請書上載明託收手續費及其他費用應由委託人或付款人負擔。委託人在作此指示前，應參酌商場上支付託收手續費及其他費用的習慣，並應與付款人事先約定或有默契，以免引起麻煩。假如委託人堅持這些費用由付款人負擔，須於託收指示中特別載明，該等費用不得免除。如委託人未作特別指示，則是項費用得視情形，免除向付款人收取。

但如委託人堅持應向付款人收取時，則其後果由委託人自行負責 (URC 522 Art. 21)。

託收費用，一般而言，可分為手續費及郵電費等。這些費用由何人負擔，依買賣契約規定，其負擔方法不外為：

1. **由付款人負擔 (All charges including your collection commission to be paid by drawee)**

但依 URC 522 Art. 21 規定，付款人對此費用並不負付款之責。

2. **由指定第三人負擔**

出口商在進口地設有代理處時，為避免外匯管制的麻煩，大多於託收指示書中規定在國外所發生的費用由其代理人負擔，例如：

Charges are to be paid by ABC branch.

3. **由出口商負擔**

其狀況又可分為兩種：

(1)無條件由出口商支付 (All charges to be paid by us)。

(2)當進口商拒絕支付費用時，由出口商負擔 (Waive all charges if refused by the drawee and charge them to us)。

在上述兩種場合，依 URC 522 Art. 21 規定，代收銀行有權向委託銀行收取有關墊付款、費用及手續費的支出，而託收銀行亦有權不問託收情況如何，向委託人收取因此支付的任何金額，並連同收取其本身的墊付款、費用及手續費。

㈢貨物保全的指示

委託人固然可指定預備人，於託收遭遇困難時，代其出面處理貨物的卸岸、完稅、進倉、保險（火災險、竊盜險），另覓買主以及再裝運 (Re-shipment) 等保全措施。但如在進口地無這種足以信託的代理人，而必須委託代收銀行代為照料時，則應在託收申請書中明確指示代收銀行應採取的措施。雖然依 URC 522 Art. 10 (b) 規定，代收銀行對於跟單託收單據

所代表的貨物並無採取任何措施的義務，但基於銀行間的互惠關係，在獲得明確指示且事屬緊急的情況下，代收銀行通常也在不負法律上責任的前提下，採取措施，盡力保全有關貨物。在我國，託收申請書中即表明授予代收銀行採取措施與否的自由選擇權，通常備有如下條款：

> In case of dishonor, the goods may, in the option of your correspondent or agents, be landed, cleared through the customs warehouse and insured at our expenses.（若遭拒付，貴行之通匯或代理行可自由裁定，以本人之費用，將貨物卸下、通關、投保。）

 **第九節 拒絕證書的效果與製作**

 一、拒絕證書的意義

拒絕證書 (Certificate of Protest) 乃證明執票人曾經依法行使票據權利，而未達到目的，或無從行使票據權利的要式公證書，其作成通常是由公證人（我國則由法院公證處、商會或銀行公會作成（票據法第 106 條），美國則由美國領事、副領事、公證人或經拒絕事由發生地法律，授權證明拒絕事由的其他人，親筆簽章作成（UCC 第 3-509 條））。其作成的目的，在於保全對於其前手的追索權。

拒絕證書，依其證明內容的不同，可分為拒絕付款證書、拒絕承兌證書、拒絕交還複本證書及拒絕交還原本證書等四種。

 二、拒絕證書的法律效果

作成拒絕證書的目的，在於藉公證人證明匯票不獲兌付的事實，以保障執票人的追索權。但拒絕證書的效力並非絕對有效，如相對人提出反證，自非不可推翻；且拒絕證書有時可以免除或以其他方法代替。因此，委託人在決定是否作成拒絕證書前，宜先了解其效果及其對其他關係人的影響。以下就相關人的立場，分析拒絕證書的效果。

㈠拒絕證書的效果

1.從委託人立場看拒絕證書的效果

委託人作成拒絕證書的目的乃為證實他已依規定向付款人提示而遭拒絕兌付。但是，他將發現即使取得此項證明，也不能保證使他獲得票款的收回。

因為在即期匯票 (Sight Bill) 的場合，付款人並非匯票的債務人，拒絕證書的作成，並不能取得對付款人的追索權。委託人只能依買賣契約向付款人進行訴訟，因此，拒絕證書的作成毋寧是多餘的。如要證明匯票未獲兌付，代收銀行的紀錄已足以證明。有時委託人以為付款人唯恐拒絕證書會被公布，而為免信譽受損，不得不付款，但這種想法並不可靠。因為付款人可以主張該匯票的發票行為不當，故仍無損其信譽。反之，付款人可能會覺得委託人手段太狠及太講究技巧，而與之斷絕往來。因此，在即期匯票的場合，拒絕證書的作成毋寧是多餘的。

在遠期匯票的場合，付款人拒絕匯票的承兌時，其情形與即期匯票的場合相同，最好免作成拒絕證書。但是若付款人於承兌匯票後拒絕付款時，情形就不同。因為匯票一經承兌，承兌人就必須對該匯票負絕對的責任。因此，在遠期匯票已經承兌的場合，付款人若拒絕付款，其信譽必將受損。因為他不得以任何理由主張其不應負責。在有些國家，若付款人對其信譽是否受損不在乎，則委託人尚可依票據法向法院聲請扣押付款人的財產。在此情形下，若付款人於同一日期就其所承兌的數張匯票付款，而僅有能力兌付其中一、二張匯票，則已作成拒絕證書的匯票將可優先獲得清償。因此，就委託人立場而言，只有在遠期匯票經付款人承兌後遭拒付時，作成拒絕證書才有其意義。

但須注意者，依我國現行的輸出保險辦法，已投保輸出保險的出口商，向輸出入銀行請求賠償時，原則上須檢附拒絕證書，所以不論是拒絕承兌或拒絕付款，均應作成拒絕證書。

2. 從融資銀行立場看拒絕證書的效果

如託收銀行（融資銀行）已就託收匯票予以融資，則匯票遭拒絕兌付時，融資銀行可向發票人追償票款，但宜作成拒絕證書，除非約定免除作成拒絕證書。就融資銀行的立場而言，拒絕證書是保障其向發票人追索的權利，而證書的作成能否向付款人求償，對融資銀行並無關緊要。

基於上述，可知拒絕證書對融資銀行權益的保障甚為重要。匯票無論是遭到拒付或拒兌，以融資銀行立場而言，均有作成拒絕證書的必要。

3. 從代收銀行立場看拒絕證書的效果

代收銀行很少就託收匯票融資，除非它剛好是託收銀行的分支行，而託收銀行已就該匯票予以融資。

代收銀行是委託人的代收代理人 (Collecting Agent)，因此，只須依照託收指示書的指示辦事，是否作成拒絕證書，其立場與託收銀行相同。但代收銀行也必須注意其本身利益，拒絕證書的作成對代收銀行雖無利益可言，但是對付款人卻可能有損害，尤其付款人為代收銀行的往來客戶時，代收銀行即可能會考慮有保護其客戶的必要。所以，如果託收指示書中未列載是否須作成拒絕證書時，代收銀行固然不會要求作成拒絕證書，如果託收指示書中要求應作成拒絕證書時，代收銀行可能會通知託收銀行，歉難照指示要求作成拒絕證書。

4. 從付款人立場看拒絕證書的效果

就即期匯票作成拒絕付款證書或就遠期匯票作成拒絕承兌證書，既無助於發票人，在法律上也無損於付款人，因為付款人得主張該匯票的發票行為不當或沒有依據。遇此情形，發票人也未必能憑買賣契約控訴付款人，因為或許該匯票發票行為可能不當。例如：發票人在匯票上記載應向付款人收取利息，但在買賣契約中卻無此約定；或者買賣契約中約定於貨到時付款的場合，發票人卻於貨到之前，即向付款人提示，則付款人自有理拒絕付款。若付款人拒絕對匯票兌現，而無正當理由，雖可不必對拒絕證書負責，但卻需對買賣契約負責，自不待言。

　　若付款人承兌遠期匯票之後卻拒絕付款,則拒絕證書對他具有約束力。若匯票的善意持有人對他採取法律行動，他將無法抗辯。

　　以上是就一般情形加以說明，但就託收匯票是否應要求作成拒絕證書乙節，尚須視各國法律及其他情形而定，茲略予分析如下：

㈡作成拒絕證書應考慮因素

1.拒絕證書有無法律上效果 (Legal Effect)？

　　在未將票據訴訟和一般訴訟分開的國家（如波多黎各 (Puerto Rico)、委內瑞拉 (Venezuela)、沙烏地阿拉伯 (Saudi Arabia)），或雖有票據訴訟制度，但在訴訟時，與拒絕證書的有無無關，而僅根據原告主張即作裁決的國家（如日本 (Japan)、丹麥 (Denmark)），拒絕證書的作成，只不過是法律上的點綴而已，並不具有特別的意義。因此，為節省無謂的費用及避免引起付款人的反感，可免除要求作成拒絕證書。

2.拒絕證書是否公布 (Publication)？

　　有些國家（如瑞典 (Sweden)）往往將拒絕證書的名單公布於報紙、雜誌或官報上面。因此，拒絕證書即使在法律上無多大意義，卻有促使付款人付款而維護其信譽的效用。基於此，可要求作成拒絕證書。

3.拒絕證書與匯票訴訟 (Bill of Exchange Action)

　　在很多國家，票據訴訟程序較諸民事訟訴更為簡單、迅速，而且具有較強的執行力。

4.即期匯票未獲付款及遠期匯票未獲承兌的拒絕證書

　　遠期匯票的付款人，在未經承兌該匯票之前，並無負擔兌付該匯票之責。因此，對於不獲承兌的遠期匯票，作成拒絕證書，與就承兌後遠期匯票拒絕付款時作成拒絕證書者，其意義大不相同。因為就未獲承兌的票據作成拒絕證書，對於被追索人而言，不但毫無利益，而且缺乏法律上的根據。所以一般銀行對於這種票據都不願意辦理拒絕證書的手續，這種情形於即期匯票遭拒付時的情形，也相同。

5.拒絕證書與輸出保險

若委託人已投保輸出保險，則無論拒絕承兌或拒絕付款，原則上應作成拒絕證書，否則無法向輸出入銀行申請補償。

總之，票據的拒絕證書，雖然在某些國家已經制度化，而且具有補強訴訟效果的功用，但實際上，訴訟的費時費錢，人人皆知。再者，拒絕證書的作成，只有破壞當事人間友好關係的不良效果。因此，最好的辦法還是在交易之前，對買方先作嚴格的信用調查，以防事故於未然，才是上策。

三、拒絕證書的製作

1.拒絕證書的內容

拒絕證書是一種要式文書，其應記載事項，依作成地的法律而異，但其內容無非為票據內容的說明及拒絕承兌或拒絕付款的理由。例如我國票據法第 107 條規定：「拒絕證書應記載左列各款，由作成人簽名並蓋作成機關之印章：

一、拒絕者及被拒絕者之姓名或商號。

二、對於拒絕者，雖為請求，未得允許之意旨，或不能會晤拒絕者之事由或其營業所、住所或居所不明之情形。

三、為前款請求或不能為前款請求之地及其年月日。

四、於法定處所外作成拒絕證書時當事人之合意。

五、有參加承兌時，或參加付款時，參加之種類及參加人，並被參加人之姓名或商號。

六、拒絕證書作成之處所及其年月日。」

2.拒絕證書作成期限

拒絕證書的製作，有一定期限，但此期限依作成地的法律而異。

我國票據法第 87 條則規定：「拒絕承兌證書，應於提示承兌期限內作成之。拒絕付款證書，應以拒絕付款日或其後五日內作成之。但執票人允許延期付款時，應於延期之末日，或其後五日內作成之。」

3.拒絕證書作成機關

通常為公證人或執行官員（如法院公證處），有些國家則承認可以郵政官吏（德國）或二人以上充見證人的地方士紳面前作成（英、美）。我國票據法第 106 條則規定：「拒絕證書，由執票人請求拒絕承兌地或拒絕付款地之法院公證處、商會或銀行公會作成之。」

第十節 拒付時賣方應採取措施

在託收貿易下，進口商拒付的情形，通常較信用狀方式貿易者為多。進口商拒付的理由若應由出口商負責者，應盡速與進口商協商補救辦法，若是進口商惡意拒付或因進口商重大變故所造成，則出口商應採取下列措施，以期減少損失。

1.貨物保全方面

　⑴請託收銀行轉委託代收銀行，將貨物移倉，一方面可減輕碼頭倉租，他方面也可避免被海關拍賣。

　⑵展延保險，尤其是火險及竊盜險。

　⑶轉售貨物，可透過代收銀行或當地代理人辦理。

　⑷運回貨物，此舉需考慮貨物的價值與運回成本相較，是否值得運回。

　⑸放棄貨物，但如已投保輸出保險者，此舉將喪失保險金。

2.索賠方面

　⑴如果買方在國內有資產，可向法院聲請將之扣押。

　⑵如已投保輸出保險，而拒付原因非可歸責於賣方，且賣方已作適當保全者，可向中國輸出入銀行索賠。

　⑶憑拒絕證書繼續向買方追索。

　⑷透過有關主管機關（如我國經濟部國際貿易局）向買方當地政府交涉。

　⑸對買方進行訴訟或交付商務仲裁。

　⑹道德制裁。

第十一節 辦理擔保提貨應注意事項

在國際買賣中，賣方於貨物裝運後，有時候因繕製單據費時，或因延遲委託銀行代收，或因郵寄中途耽誤，致單據無法如期抵達進口地，而貨物則先運抵目的港。此時，進口商為適時提貨起見，可商請銀行作保向船公司出具擔保提貨書 (Letter of Indemnity, L/I)，以便先行提貨。

在託收方式下，買方如欲向代收銀行申請辦理擔保提貨，代收銀行未必會答應。因為在託收方式下，代收銀行承作擔保提貨，可能遭遇到比信用狀方式下擔保提貨更大的風險，其原因在於：

(1)託收方式下的單據是否將寄到該銀行尚屬未知。即該銀行是否為該託收項下的代收銀行尚難確定，故銀行若貿然作擔保，將來單據寄到其他銀行，或逕送別人手中，則對該銀行的處境甚為不利。

(2)即使將來該銀行收到單據，很可能發現其已違背託收指示而對無權利的第三人作擔保，致該銀行對該擔保提貨負賠償責任。

因此，銀行對託收方式的擔保提貨不會輕易應允。而買方若急於提貨，則應請代收銀行向託收銀行（或賣方）查詢並確認單據將寄交該銀行，及查明託收指示內容，作好這些措施後，才可能得到銀行的簽發擔保提貨書。

另外，買方可與船公司商量憑買方出具的保證書 (L/G) 辦理提貨，也即實務中所稱的 Single L/G。

(3)在空運貨物的輸入，一般而言，透過銀行寄來的託收貨運單據到達時間多遲於貨物抵達時間。因此，為便於及時提貨，可以往來關係良好的進口地銀行為空運提單的收貨人（但須經銀行同意，同時告知賣方以該銀行為代收銀行），買方則出具 Trust Receipt 憑以領取貨物。

第十二節　**託收與資金融通**

一、銀行對託收票據的資金融通方式

　　各國為促進輸出，對出口託收多有一套完善的資金融通制度。銀行承作這種融資時，首先要審查出口商和對方進口商資信，考慮託收項下貨物性質、市場情況、對方國家貿易和外匯管制情況等等；其次要審查託收條件，銀行只有在認為滿意時才肯融資。這種融資通常可分為三種：

1. 出口託收承兌 (Acceptance Created against Export Collection)

　　又稱為「重開票」或「匯票貼現」。即出口商以向國外買方簽發的跟單匯票為擔保，另外開出以託收銀行為付款人的國幣匯票（光票），請託收銀行承兌。之後，將其在當地市場貼現，取得現金使用。此光票期限一般都比預計收到出口票款的日期略長一些，以便光票到期時可用出口票款來抵付。如果原出口匯票被拒付，光票的發票人仍應在出口匯票到期時對承兌銀行付清票款。這種方式的融資，比起將出口匯票直接讓售，或以出口匯票為擔保而取得墊款者更便宜。因其可獲得較低利的資金融通之故。尤其在金融市場緊俏時，銀行更樂於接受這種方式的融資。因為銀行頭寸緊俏時，可隨時將這類承兌匯票以最優利率 (Prime Rate) 再貼現。

2. 出口託收押匯 (Bill Purchased against Export Collection)

　　所謂出口押匯是出口商將託收單據售給銀行而先取得貨款的資金融通方式。即出口商將貨物裝運出口後，銀行買入託收項下的有關單據和匯票，在扣除單據寄到國外及款項收回為止的時間利息後，將餘額提前結給出口商。然後再憑單據和匯票寄往進口地銀行代收回貨款。實質上，出口押匯是以單據為質押，先墊付一筆資金給出口商，這樣出口商資金運用方面就可得到方便。如果單據及匯票遭到進口商拒付，押匯銀行有權向出口商行使追索權，索回融資的資金及利息。

3.墊　款

墊款類似押匯，在利率追索權及融資期限方面與押匯相差無幾。但墊款不是貸出匯票的全數金額，而只是其中一部分。而且墊款銀行並不成為匯票的當事人，所以墊款銀行不是匯票的正常持票人 (Holder in Due Course) 又稱善意持票人 (Bona Fide Holder)。

押匯和貼現易混淆，茲將兩者比較如表 3-1 所示。

表 3-1　貼現與押匯的比較

	貼　現	押　匯
是否需要匯票	是	不一定
匯票的期限	遠期匯票	即期或遠期匯票均可
是否需要承兌	需要	不需要
可否再貼現	可以	不可以
扣息天數	較短	較長
匯票支付地點	貼現銀行所在地	國外
付款人（或承兌人）	在貼現所在地信譽良好銀行	國外進口商
銀行風險	較小	較大

承作押匯時風險較大，是因為託收時沒有銀行的信用保證，付款與否全靠進口商的信用。

二、銀行受理託收匯票融資時應注意事項

銀行在受理託收匯票融資時，應審查或注意下列各基本事項。至於單據的審查則可參酌信用狀項下單據的審查要領，不另贅述。

1.讓購申請書及隨附的單據有無簽名？

銀行收到讓購申請書等文件時，應就這些文件，作必要的審核。其要領與審查信用狀項下押匯文件相同。不過，託收方式貿易因無信用狀，故審核文件時，應以買賣契約書為依據。

2.出口商信用良好否？

在讓購付款交單、承兌交單匯票時，應就出口商的資力、信用、業務情況作綜合的了解，並注意匯票遭拒付時，出口商有無處理、解決及還款的能力，以免過度授信。此外，尚須注意出口商與該進口商之間，在商業交易上的借貸關係如何。

3.進口商的信用良好否？

付款交單、承兌交單匯票是否可順利獲得承兌、付款，端視進口商的信用如何而定，其與出口商的關係，往往是 "Like likes like"（性相似者相悅，物以類聚），不僅要查明進口商的資力，且須重視其品性 (Character) 及道德 (Moral) 如何，即使在輸出保險公司的「國外進口商名錄」中列為甲級 (Class A) 的進口商，也應另作信用調查。若屬鉅額交易，則宜委請 Dun & Bradstreet 徵信。

4.進口國的情況、進口貨物必需的單據及貿易習慣如何？

為期授信的安全，應熟悉或了解進口國的政治、經濟、金融情況、貿易政策、外匯管理、外匯情況、貿易習慣、匯票時效、拒絕證書、海關規定等等。此外，應密切注意該出口貨品在進口國的供需關係及市況動向。設法規避國家風險及商業風險。貨物進口通關必需的單據有那些？銷往中南美時，不可以遠期付款交單交易，而且應注意銷往此地區時，承兌、付款往往是以 "On Arrival of Goods" 為條件，不可不知。

5.買賣契約書是否完備？有無索賠條款？

為了日後的索賠，契約內容應力求完備，並將索賠條款予以明確的規定。再者，投保輸出保險時，應訂立符合輸出保險所規定要件的買賣契約。

6.是否已取得輸入許可證及外匯核准證？

在信用狀交易，因信用狀的開發原則上以已獲得輸入許可證及外匯核准證為前提。因此，不必確認是否已取得這些證明。但，在承兌交單、付款交單交易則必須事先確認是否已取得輸入許可證及外匯核准證，否則屆時可能發生無法進口或無法支付外匯的情形。

7. 在繼續交易的情形，該進口商是否曾有拒付或逾期未付款的不良紀錄？

　　如有此種紀錄，則不宜受理。

8. 以 FOB、CFR 等條件交易時，應確認進口商是否已購買保險？

　　承兌交單、付款交單交易，原則上應以 C&I、CIP 或 CIF 條件交易，如因特殊情形不得不按 CFR 或 FOB 條件交易者，應取得進口商已投保適當保險的書面證明。

9. 應考慮到 URC 522 的規定

　　現在的承兌交單、付款交單託收，均以遵守 URC 522 為原則。因此，處理承兌交單、付款交單託收時，其託收指示也應以符合 URC 522 為原則。此外，託收指示也應顧慮到輸出保險的有關規定，例如欲投保輸出保險，應訂有書面買賣契約、匯票應具備一定的要件等等。

10. 須符合外匯管理法規

第四章
信用狀方式貿易

第一節　信用狀的定義

信用狀是銀行循顧客（通常為買方）的請求與指示，向第三人（通常為賣方）所簽發的一種文據 (Instruments) 或函件 (Letter)，在該項文據或函件中，銀行向第三人承諾：如該第三人能履行該文據或函件所規定的條件，則對該第三人所簽發的匯票及（或）所提示的單據將予以兌付。「信用狀統一慣例」(Uniform Customs and Practice for Documentary Credits, 2007 Revision, UCP 600) 對信用狀所下的定義為：「信用狀意指任何一項不可撤銷之約定，不論其名稱或描述為何，該項約定構成開狀銀行對相符提示予以兌付之確定承諾。」(UCP 600 Art. 2) 總之，所謂信用狀，乃銀行應客戶（申請人）的要求，向第三人（受益人）所簽發的一種文據，此項文據中，銀行授權該第三人得按其所載條件簽發以該行或其指定的銀行為付款人的匯票及（或）提示規定的單據，並由其負兌付的責任。

在現代國際貿易，貨物買賣貨款的結算，常以信用狀（或稱為信用證）(Letter of Credit, L/C; Credit) 方式進行。買賣契約中如約定以信用狀方式支付貨款，則訂立契約之後，除另有約定外，買方應於合理期間內洽請銀行開出信用狀。

信用狀雖只是許多付款方式中的一種，但在現代國際貿易中，卻占有一定的地位，本章特就以信用狀為付款方式的有關問題加以說明。

第二節　信用狀交易的當事人

在信用狀交易，除申請人、開狀銀行及受益人等基本當事人之外，也可能有其他人的介入。茲就可能參與信用狀交易的人，分述於下：

一、申請人 (Applicant)

又稱開狀申請人 (Applicant for the Credit)，即向銀行申請開發信用狀的人。UCP 600 Art. 2 將申請人定義為：「請求開發信用狀之一方」。通常買方（進口商）依買賣契約所定付款條件，由其向往來銀行申請開發信用狀，因此開狀申請人通常為買方 (Buyer) 或進口商 (Importer)。買方因申請開發信用狀而由銀行授與信用，故又稱為受信買方 (Accredited Buyer)，此外又稱為 Accountee、Opener、Principal、Customer、Consignee、Grantee、Holder、Accreditor 或 Account Party。

二、開狀銀行 (Opening Bank)

即循開狀申請人的請求及指示，開發信用狀的銀行，又稱為 Issuing Bank、Grantor、Giver、Credit Writing Bank、Originating Party 或 Issuer。在信用狀交易中，開狀銀行所扮演的角色最為重要。UCP 600 Art. 2 將開狀銀行定義為：「循申請人之請求或為其本身而開發信用狀之銀行。」

三、通知銀行 (Advising Bank)

即依開狀銀行的委託，將信用狀通知受益人的銀行。UCP 600 Art. 2 將通知銀行定義為：「依開狀銀行之委託，通知信用狀之銀行」。所謂「通知」信用狀，不外將信用狀轉交受益人，故也有稱為 Notifying Bank 或 Transmitting Bank 者。通知銀行通常需核對信用狀外觀的真實性，但不負任何兌付或讓購的義務 (UCP 600 Art. 9 (a), (b))。

四、受益人 (Beneficiary)

指有權依照信用狀條件開發匯票及（或）提示單據兌取信用狀款項的人。UCP 600 Art. 2 將受益人定義為：「因信用狀開發而享有利益的一方。」在信用狀交易中，一般而言，受益人大多是賣方 (Seller) 或出口商

(Exporter)。因他有權利使用或享受信用狀的利益,所以稱為 Beneficiary。此外又稱為 Accreditee、Addressee、User、Drawer、Shipper 或 Favoree 等。

五、押匯銀行 (Negotiating Bank)

又稱為購買銀行、貼現銀行或讓購銀行。是循受益人(或出口商)的請求,讓購或貼現信用狀項下匯票及(或)單據的銀行。如果通知銀行與受益人素有往來,則通知銀行很可能即為押匯銀行。信用狀如無指定押匯銀行,則受益人可以選擇適當的銀行作為押匯銀行。此時該押匯銀行就不一定是信用狀通知銀行。我國實務上「押匯」一詞雖源自英文的 "Negotiate",但與 UCP 600 Art. 2 的 "Negotiate" 一詞,涵義不盡相同。在我國「押匯」是指出口商交運貨物後,向其往來銀行(押匯銀行)提示信用狀規定的匯票及(或)單據請求墊付貨款的行為。而 UCP 600 Art. 2 中的 "Negotiate" 是指「指定銀行在其應獲補償之銀行營業日當日或之前,以預付或同意預付給受益人之方式,買入相符提示項下匯票(以指定銀行以外之銀行為付款人)及(或)單據之行為。」

六、再押匯銀行 (Re-negotiating Bank)

假如信用狀限定押匯銀行,而該銀行又非受益人的往來銀行,或受益人不願意向該銀行請求押匯時,受益人可逕向其往來銀行辦理押匯,然後再由該往來銀行向該限定押匯銀行辦理轉押匯事宜。在此場合,該限定的押匯銀行,即稱為再押匯銀行。

七、付款銀行 (Paying Bank)

付款銀行為信用狀中所規定擔任付款的銀行。因此,在須簽發匯票的場合,又稱為 Drawee Bank。在遠期匯票的場合,付款銀行就是承兌銀行 (Accepting Bank)。付款銀行可能是開狀銀行,亦可能是開狀銀行所委任的另一銀行。

134

 ## 八、求償銀行 (Claiming Bank)

依信用狀規定進行付款、承兌或讓購的銀行可向信用狀指定的償付銀行求償應得的補償款項。該要求償付的銀行稱為求償銀行。

 ## 九、償付銀行 (Reimbursing Bank)

有時信用狀規定讓購（或付款）銀行於讓購（或付款）之後應另開出匯票（或免開）向開狀銀行授權或委託的另一家銀行求償，此銀行即為償付銀行。讓購（或付款）銀行另行開出的匯票稱為求償匯票 (Reimbursement Draft)。若信用狀規定須由求償銀行向償付銀行求償時，開狀銀行應及時向償付銀行發出適當的補償授權。

一般而言，償付銀行多為國際金融中心（如紐約、倫敦等）的大銀行。

 ## 十、保兌銀行 (Confirming Bank)

所謂「保兌」是指保兌銀行在開狀銀行原有確定承諾外，亦對「相符提示」(Complying Presentation) 為兌付或讓購的確定承諾。「保兌銀行」則指經開狀銀行的授權或要求，對信用狀加以保兌的銀行 (UCP 600 Art. 2)。有些開狀銀行的規模較小，或開狀銀行的資信不明，或開狀銀行所在地國家經濟、政治、社會狀況不穩定，而須由開狀銀行另請一家受益人所熟悉的銀行（通常是出口地的通知銀行）或其他信用卓著的銀行對其所開信用狀承擔「兌付」的責任。這一家依照開狀銀行的授權或要求而對開狀銀行所開信用狀承擔「擔保兌付」之責的銀行即為保兌銀行。

 ## 十一、受讓人 (Transferee)

在可轉讓信用狀，受益人可將信用狀的一部分或全部轉讓給第三人，該受讓的第三人即稱為受讓人。受讓人於受讓信用狀後，在其受讓權利範圍內，享有開發匯票（或免開匯票）要求開狀銀行付款之權，故有第二受

益人 (Second Beneficiary) 之稱。

十二、轉讓銀行 (Transferring Bank)

在可轉讓信用狀，依其規定（授權）辦理信用狀轉讓事宜的銀行，稱為轉讓銀行。UCP 600 Art. 38 (b) 規定：「轉讓銀行是指辦理信用狀轉讓的銀行，或信用狀可在任何銀行使用時，指經開狀銀行特別授權辦理轉讓並實際辦理信用狀轉讓的銀行。開狀銀行也得為轉讓銀行」。

十三、指定銀行 (Nominated Bank)

依 UCP 600 Art. 2 中規定指定銀行是指「可在其處使用信用狀的銀行或信用狀可在任何銀行使用者，則指任何銀行」，包括押匯銀行、承兌銀行、保兌銀行及付款銀行等。

第三節　信用狀交易的流程

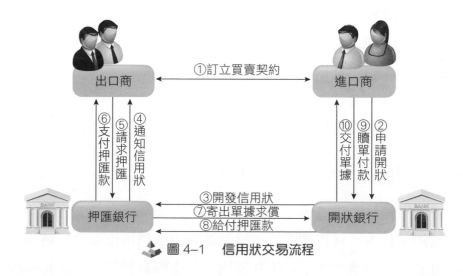

圖 4-1　信用狀交易流程

說明：

①進口商（開狀申請人）與出口商（受益人）訂立買賣契約，約定

以信用狀方式支付貨款。

②進口商填具開狀申請書繳納保證金或提供其他擔保要求開狀銀行（付款銀行）開狀。

③開狀銀行按照開狀申請書內容以函／電向出口商開出信用狀並透過出口商所在地的代理行（押匯銀行、通知銀行）請其通知出口商。

④押匯銀行核對簽字時（或密押）無誤後將信用狀通知出口商。

⑤出口商審核信用狀與買賣契約相符後即按信用狀規定裝運貨物並備齊各項貨運單據開立（或免開立）匯票在信用狀押匯及有效期限內送押匯銀行請求押匯。

⑥押匯銀行按信用狀條款審核單據無誤後按照匯票（或發票）金額扣除有關費用後把貨款付給出口商。

⑦押匯銀行將匯票和單據寄開狀銀行或其指定付款銀行求償。

⑧開狀銀行或其指定付款銀行核對單據無誤後付款給押匯銀行。

⑨開狀銀行通知進口商贖單，進口商審單無誤後付款。

⑩開狀銀行將單據交給進口商。

 **第四節** 信用狀的種類

信用狀的種類，隨觀點的不同而有各種不同分類，常見分類有：

 一、依信用狀是否可撤銷

所謂可撤銷信用狀 (Revocable L/C) 乃指開狀銀行於開出信用狀後，無需預先通知受益人，可以隨時片面撤銷或修改的信用狀而言。這種不負責任的信用狀，出口商雖取得，但在運出貨物後開具匯票及（或）單據向銀行提示兌款之前，隨時有被撤銷的可能，對出口商毫無保障可言，因此，UCP 600 不再提及可撤銷信用狀。

所謂不可撤銷信用狀 (Irrevocable L/C) 乃指信用狀一經開出，在其有效期限內，非經受益人、開狀銀行及保兌銀行（若經保兌）同意，開狀銀行不得將該信用狀作片面的撤銷 (Cancel) 或修改 (Amend) 者而言 (UCP Art. 7 (b), Art. 10 (a))。受益人收到這種信用狀與買賣契約核對無誤後，即可放心備貨，進行裝運和交單。只要單據符合信用狀條款，即可收到貨款，所以對出口商（受益人）相當有利。

二、依信用狀是否保兌

信用狀經開狀銀行以外的另一家銀行擔保對符合信用狀條款的匯票及（或）單據履行兌付或讓購義務者，稱該信用狀為保兌信用狀 (Confirmed L/C)。如信用狀未經另一銀行保兌者，稱該信用狀為無保兌信用狀 (Unconfirmed L/C)。

保兌銀行所負的擔保責任是絕對的，即為主要負責債務之人，並非開狀銀行不能履行義務時，保兌銀行才負責兌付或讓購的或有 (Contingent) 性質。換句話說，保兌銀行與開狀銀行須對受益人共同地 (Jointly) 或單獨地 (Severally) 負起兌付或讓購之責。正因保兌銀行所負的責任，不論其形式或範圍，完全與開狀銀行所負的責任相同，除非保兌銀行對開狀銀行具有充分的信心，或者除非保兌銀行已將其所保兌的款額從開狀銀行存款帳圈存，否則不輕易予以保兌。

三、依信用狀的付款時間

信用狀如規定受益人應開發即期匯票或交單時即可兌得款項者，則稱該信用狀為即期信用狀 (Sight L/C)。反之，如信用狀規定受益人簽發遠期匯票 (Time/Usance/Acceptance Draft) 者，則稱該信用狀為遠期信用狀 (Usance L/C)。

在即期信用狀的場合，不管匯票的付款人為開狀銀行或其他指定的付款銀行，只要所開的匯票及（或）單據符合信用狀條件，一經提示，開狀

銀行即須付款。

在遠期信用狀的場合，匯票先經付款人承兌，至匯票到期 (Maturity) 時才予付款。雖然匯票到期前出口商不能取得票款，但如需周轉資金，則可將該承兌匯票在貼現市場予以貼現。為便於順利貼現，這類匯票應以銀行為付款人並由其承兌。

遠期信用狀中，如規定票據期間利息（或貼現息）由賣方負擔者，稱該信用狀為賣方遠期信用狀 (Sellers' Usance L/C)。反之，如規定票據期間利息（或貼現息）由買方負擔者，稱該信用狀為買方遠期信用狀 (Buyers' Usance L/C)，在此場合，出口商於押匯時，猶如即期信用狀，可立即獲付，票據期間利息（或貼現息）歸買方（進口商）負擔。

至於延期付款信用狀 (Deferred Payment L/C) 是指信用狀規定將在受益人提交單據後的未來一定日期，由開狀銀行或指定銀行付款的信用狀。實質上，這是不要求受益人開發匯票的遠期信用狀。至於付款日的計算方法，或從提單日 (B/L Date) 起算，或從開狀銀行收到單據之日起算。

四、依信用狀是否可讓購

凡允許受益人將其匯票及（或）單據向付款銀行以外的其他銀行提示請求讓購，而不必逕向付款銀行提示付款的信用狀，稱為讓購信用狀 (Negotiation L/C)。通常信用狀規定受益人可將其匯票及（或）單據提交銀行讓購，但有時或因開狀銀行在出口地頭寸充裕或由於信用狀條件複雜，或有些單據需要特別注意審查，開狀銀行希望自己掌握審單或由指定的聯行、代理銀行獨家經辦，因而特別規定受益人須將匯票及（或）單據直接提交開狀銀行或其指定的銀行辦理兌付事宜。這種信用狀稱為直接信用狀 (Straight L/C) 或託付信用狀 (Domiciled L/C)。簡言之，凡信用狀所載擔保付款條款，如僅以受益人為對象者，該信用狀就是直接信用狀。在讓購信用狀的場合，因允許讓購，除非限定在某銀行押匯（即非特別信用狀），在信用狀上都規定開狀銀行不僅對受益人，而且對匯票的背書人及善意執票

人亦負責予以兌付。在直接信用狀的場合，則狀上無此文句，而只約定符合信用狀條件的匯票（或）單據，經受益人向指定付款銀行提示時，即負責予以兌付。

 五、依信用狀是否限定讓購銀行

讓購信用狀 (Negotiation L/C) 規定受益人只能在某指定銀行辦理讓購（押匯）時，這種信用狀稱為特別或限押信用狀 (Special/Restricted Negotiable L/C)。反之，沒有限定讓購銀行的讓購信用狀，稱為一般或自由讓購信用狀 (General/Open/Freely Negotiable L/C)。

就出口商立場而言，以獲得一般信用狀較好。因在一般信用狀的場合，受益人能夠選擇以最有利的條件（例如匯率）讓購的銀行辦理押匯手續。在特別信用狀的場合，因讓購銀行已限定，所以縱使該指定讓購銀行的條件（例如匯率）較差，也只能向該指定銀行辦理押匯，甚至不得不透過往來銀行辦理轉押匯 (Re-negotiation)。

銀行所以開出特別信用狀自有其原因。諸如開狀銀行基於營業政策指定其在出口地的總分支行或在往來銀行為讓購（押匯）銀行；開狀銀行對於出口地某些銀行的業務處理能力缺乏信心，不得不指定其認為可靠的銀行為讓購銀行等是。

 六、依信用狀是否跟單

信用狀規定受益人請求讓購或付款或承兌（兌付）時，須同時提示單據者，稱這種信用狀為跟單信用狀 (Documentary L/C)，又稱為押匯信用狀。一般的商業信用狀屬於此類者居多。

反之，信用狀規定請求讓購或付款或承兌時，僅憑一張光票無需提示單據者，稱為無跟單信用狀或光票信用狀 (Clean L/C)。光票信用狀主要是用於商品交易以外的清算或以擔保為目的而無需提示單據的情形，旅行信用狀就是典型的光票信用狀。至於用於押標保證 (Bid Bond)、履約保證

(Performance Bond) 及還款保證 (Refundment Bond) 的擔保信用狀 (Standby L/C)，因受益人請求讓購、承兌或付款時，通常須同時提出諸如聲明書 (Statement) 等的單據，所以通常認為應屬廣義的跟單信用狀。

 七、依通知受益人的方式

信用狀依其通知受益人方式區分，可分為郵遞信用狀 (Mail L/C) 與電傳信用狀 (Teletransmitted L/C)，業界通稱為電報信用狀 (Cable L/C)。郵遞信用狀乃指開狀銀行將開發信用狀事宜以郵寄（一般為航郵）方式通知受益人的信用狀。電傳信用狀乃指開狀銀行以電傳 (Teletransmission) 方式，例如海纜電報 (Cable)、普通電報 (Telegram)、電報交換 (Telex)、傳真 (Fax) 或環球銀行財務通訊系統 (SWIFT)，將開發信用狀事宜通知受益人的信用狀。

以郵遞方式開狀時，可將信用狀交給開狀申請人轉寄受益人，或由開狀銀行逕寄受益人，也可由開狀銀行委託受益人所在地的總分支行或代理行就近將信用狀通知受益人。但以前兩種方式通知受益人則因受益人無法查驗信用狀上簽字的真偽，所以目前很少採用。

倘以電傳方式開發信用狀，則必須由通匯銀行（通知銀行）通知。因開狀銀行與通匯銀行間事先已訂有通匯契約 (Correspondent Agency Arrangement)，並交換控制文件（Control Document，包括押碼與簽字樣本等），故向通匯銀行發出電傳信用狀可由該通匯銀行予以辨其真偽，並由其正式函件轉知受益人。

以電傳方式開發信用狀時，應將信用狀的內容全部在電文中列明，即應為詳電 (Full Details Cable)，否則如是簡略的簡電 (Brief Cable) 則只能當作預先通知 (Preliminary Advice)，不能視其為正本信用狀 (Operative L/C)，無法憑以辦理押匯。

八、依信用狀是否可轉讓

可轉讓信用狀 (Transferable L/C) 意指特別敘明其是「可轉讓」(Transferable) 的信用狀。可轉讓信用狀得依受益人（第一受益人）的請求，使其全部或部分由另一受益人（第二受益人）使用 (UCP 600 Art. 38 (b))。反之，則稱為不可轉讓信用狀 (Non-transferable L/C)。

可轉讓信用狀，以前在英文中有 3 個用詞：① Transferable L/C；② Assignable L/C；③ Transmissible L/C。按一般理解，這 3 個名詞是同義，但也有人認為 Transmissible 不完全等於 Transferable。依 UCP 600 Art. 38 (b) 規定，信用狀僅於開狀銀行明示其是 "Transferable" 時，才可轉讓。至於 "Divisible"、"Fractionable"、"Assignable"、"Transmissible" 等用語，均不能使該信用狀成為「可轉讓」。因此，凡可轉讓信用狀均應用 "Transferable" 一詞，不應使用其他字樣。

依 UCP 600 Art. 38 (b)，只有被開狀銀行指定的銀行或經開狀銀行特別授權辦理轉讓的銀行，才可循受益人的要求辦理信用狀的轉讓。辦理信用狀轉讓的銀行稱為「轉讓銀行」(Transferring Bank)。經轉讓銀行辦理可由第二受益人（Second Beneficiary，又稱受讓人 (Transferee)）使用的信用狀稱為「受讓信用狀」(Transferred L/C)。除信用狀另有規定外，僅可轉讓一次。

信用狀僅能依原信用狀所規定條件轉讓，但信用狀金額、單價、有效期限、提示期間、最遲運日或裝運期間則得予減少縮短，又保險應投保的百分比得予以提高，以配合信用狀或信用狀統一慣例應投保金額的規定 (UCP 600 Art. 38 (g))。

九、依信用狀金額是否可回復

通常信用狀有一定的金額及有效期限，除非修改增加金額，其金額一經用完，信用狀即失效。再者，縱使尚有未用餘額，而已逾越有效期限，

則除非展期，信用狀也即失效。這種信用狀即為非循環信用狀 (Non-revolving L/C)。

在賣方與買方之間，就同一種類商品作反覆的交易時，如成交一批，買方（進口商）即須請求銀行開發信用狀一次，則不僅麻煩費事，並且多花費用。但如一次開發鉅額的信用狀，則進口商須繳納鉅額的保證金，對進口商來說，又不方便。於是銀行乃設計一種辦法解決這個問題。即開發一種信用狀，規定信用狀金額被受益人全部或部分利用後，其金額達到時為止。這種可回復使用的信用狀，稱為循環信用狀 (Revolving L/C; Continuing L/C)，又稱為回復信用狀。

至於信用狀如何回復則視情形而定，但較常見者約有下列三種：

1.非自動式循環

又稱通知循環，即每次動用金額，必須等開狀銀行通知該金額得予回復後，信用狀才恢復至原金額繼續使用。這種循環信用狀，通常載有類如下述條款：

The amounts of drawing paid under this credit become available to you again upon your receiving from us advice to this effect.

2.自動式循環

即動用的金額隨即自動回復到原金額，不需等待開狀銀行的通知，亦無需經過一定期間。這種循環信用狀稱為 Instant Revolving L/C，通常載有類如下面的條款：

The amounts paid under this credit are again available to you automatically until the total of the payment reaches US$...

3.半自動式循環

又稱定期循環，即每次動用後若干日內，如果開狀銀行未發出停止循環使用的通知，信用狀即自動恢復到原金額。例如訂定 1 個月的期間，在此期間內如無不能回復使用的通知，即可回復使用。此法乃介於前述兩者之間。其常用的條款為：

30 days after a draft has been negotiated under this credit, the credit reverts to its original amounts of US$...unless otherwise notified.

 十、轉開信用狀

信用狀受益人（出口商）為了賺取中間利潤，而將信用狀利用於其與供應商間的國內資金融通方面的方法，除可要求開發「可轉讓信用狀」外，為求交易的保密，尚有一種方法，即所謂「轉開信用狀」或「背對背信用狀」(Back-to-back L/C) 的作法。國人通常稱為本地信用狀 (Local L/C)。具體的說，有時信用狀受益人本身並非貨物的供應商，但一方面因不願讓買方知道自己並非供應商，也不願讓其知道自己是以較低價購得貨物後再行轉賣給他，他方面為避免國外買方與國內供應商直接接觸，他（即出口商）便可向通知銀行（有時為本地其他銀行）申請憑國外開來的信用狀另開一張信用狀給供應商。這種憑他人開來的信用狀，要求本地銀行以原信用狀為基礎，另開一張以供應商為受益人的信用狀，即為轉開信用狀。作為開發轉開信用狀依據的原信用狀則稱為 "Original L/C"、"Master L/C" 或 "Primary L/C"。轉開信用狀也稱為 "Secondary L/C"、"Sub-L/C"、"Subsidiary L/C" 或 "Ancillary L/C"。在轉口貿易也常採用背對背信用狀方式。

 十一、擔保信用狀

所謂擔保信用狀 (Standby L/C) 乃指不以清償商品交易貨款為目的，而以保證債務或貸款融資為目的而開發的信用狀。當開狀申請人未能清償債務或未能償還貸款時，開狀銀行即須負責支付一定金額給受益人，這與普通信用狀以清償貨款為目的而開發者大不相同。在我國又稱其為備付信用狀或保證信用狀（詳見第五章）。

規範 Standby L/C 交易的規則，除了信用狀統一慣例之外，國際商會於 1998 年推出「國際擔保函慣例」(International Standby Practices, ISP 98)，從

1999 年 1 月 1 日起實施。因此，從此以後，開發擔保信用狀可選擇適用
UCP 600或 ISP 98。

 ## 十二、預支信用狀

　　通常的信用狀,受益人必須將貨物交運並備妥符合信用狀規定的單據,
才能憑以向銀行請求支付貨款。但有一種信用狀卻規定受益人在一定條件
下，可於備妥信用狀所規定單據之前，簽發匯票（或收據）向信用狀中所
指定的銀行（通常為通知銀行）預支一定金額的款項。該銀行所墊出的款
項，則於受益人日後向其辦理押匯時扣還。假如受益人到期為能交運貨物，
提出信用狀所規定的單據，也不歸墊預支的款項，則墊款銀行即可逕向開
狀銀行要求償還其所墊付的本金及利息。這種允許受益人在備妥信用狀所
規定單據之前，向銀行預支一定金額的信用狀，稱為「（可）預支信用狀」
(Anticipatory L/C)。

　　預支信用狀依其支款條件，可分為紅條款信用狀 (Red Clause L/C) 和
綠條款信用狀 (Green Clause L/C; Green Ink Clause L/C) 兩種。

　　上述准許受益人於貨物出口及備妥單據之前，可預支款項的條款，當
初是以紅字註明或以紅墨水印刷，故稱為「紅條款」(Red Clause)，而載有
這種條款的信用狀則稱為紅條款信用狀。但現今信用狀上的紅條款的顏色
未必一定為紅色，信用狀上只要註明有紅條款，即可稱為紅條款信用狀。

　　至於綠條款信用狀與紅條款信用狀大致相同，亦是旨在對受益人提供
裝運前的融資墊款，但其墊款條件較紅條款信用狀稍微嚴格，即出口商在
貨物裝運出口之前，以融資墊款銀行的名義，將貨物存放倉庫，取得倉單
(Warehouse Receipt) 後憑信用狀向銀行申請墊款。這種綠條款信用狀主要
出現於英國從澳洲進口羊毛貿易，目前已少見。

十三、現金信用狀、憑收據付信用狀及憑單據付款信用狀

所謂現金信用狀 (Cash L/C) 是指進口地銀行循進口商的請求，將應付的資金預先匯存出口地的總分支行或代理銀行，請其代開信用狀，並指示其在受益人提示以該開狀銀行為付款人的匯票（可能是跟單匯票，也可能是無跟單匯票）時，即以上述資金支應的信用狀。因為這種匯票是見票即付，所以是前述 Sight L/C 的一種。

憑收據付款信用狀 (Payment on Receipt L/C) 與 Cash L/C 很相似，這種信用狀是由進口國的開狀銀行循進口商的要求，向出口商所開發的信用狀，授權出口地指定銀行，憑出口商所提示的單據（依信用狀規定）及領款收據即可支付貨款，受益人不必開發匯票。由於出口商憑領款收據即可兌款，自可免除一般匯票發票應負的責任——即無追索權的問題發生，也不必負擔押匯貼現息，對於出口商較有利。此外，有些歐洲國家（如德國、奧國）關於匯票的印花稅票，常規定由付款人負擔，進口商為避免負擔這類費用，也常要求於信用狀上加註 "Simple Receipt Instead of Draft Acceptable" 的條款。

至於憑單付款信用狀 (Payment against Documents L/C) 則為開狀銀行應進口商的要求，向出口商所開發的信用狀，這種信用狀授權出口地指定銀行得憑出口商所提示的單據，按其商業發票所載金額付款給出口商。其特點為既無匯票也無領款收據。

 第五節　信用狀方式貿易的利弊

在國際貿易中，進出口商雙方約定以信用狀為付款方式時，其對進出口商的利弊如下：

一、對出口商而言

1.利

(1)可獲得信用保障：出口商收到銀行信用狀後，因有銀行信用代替進口商信用，所以不必多顧慮進口商的信用，出口商只要做到信用狀規定的條件，提示規定的匯票及（或）單據，即可兌得貨款。

(2)可獲得資金融通的便利：出口商只要確實按照信用狀所規定的條件提示規定的匯票及（或）單據，即可獲得資金融通的便利，不必等進口商收到貨物後才收到貨款。

(3)可獲得外匯保障：在外匯管制國家，信用狀一經開發，通常即表示已經獲得進口國家政府支付外匯的批准，因此出口商毋需顧慮貨物出口後無法收到外匯。

(4)可提高輸出交易的確定性：輸出契約即使已成立，在信用狀未開到之前，輸出契約隨時有被取消的可能。假如信用狀已開到，那麼因開狀銀行再也不得將信用狀作片面的取消或修改，從而作為信用狀交易基礎的輸出契約也不致輕易地被取消或修改。

(5)可獲得低利資金的利用：在出口貸款中，如有信用狀則其適用的貸款利率較低，例如我國對有信用狀的 Pre-shipment Financing（裝運前融資）可予以較優惠的利率。

2.弊

(1)進口商信用欠佳的風險：信用欠佳的進口商於信用狀條款中預設陷阱，則除非出口商相當謹慎，否則即容易身陷其中。當單據因不符信用狀條款而遭拒付，進口商便順勢要求解除契約並提出索賠。信用欠佳的進口商常以下述的方法給出口商帶來不少風險：

①不即時開狀：因進口商未在規定期間內開狀，致出口商收到信用狀時已接近裝運期限，無法順利安排裝運。

②開出含有風險條款的信用狀：

· 正本提單逕寄進口商的條款：這種規定等於說進口商收到提單後即可提貨，然後逃遁，使出口商蒙受損失。

· 規定空運提單或郵政包裹收據以進口商為收貨人，空運提單或郵政包裹收據均非物權憑證，其提貨時不以提示運送單據為條件，有時僅憑空運提單或郵政包裹收據上收貨人的簽字就可提貨。因此，出口商若以進口商為這些單據上的收貨人，那麼出口商發貨後，雖然掌握這些單據，但已失去對貨物的控制。

③開出含有軟條款 (Soft Clause) 的信用狀：此類信用狀又稱為可撤銷的陷阱信用狀，是指開狀銀行可隨時、片面解除其保證付款責任的信用狀。例如信用狀中附加生效條款：

· 等開狀銀行電告出口商，樣品已經進口商確認合格才能生效。
· 取得輸入許可證後信用狀才能生效。
· 裝運日期將由進口商通知。
· 承運船公司名稱將由進口商另行通知。
· 檢驗證明書須由進口商出具。

(2)開狀銀行的信用風險：若開狀銀行信用或財務狀況不佳，則出口商雖降低了進口商的信用風險，卻必須承擔銀行破產或倒閉而無法獲得付款的風險。須知在現代的經濟環境中一些國家的銀行破產倒閉的情形司空見慣，即使一些歷史悠久的大銀行也不例外。有時開狀銀行並未倒閉，但可能會根據進口商的要求，無理拒付或嚴苛挑剔以逃避其付款責任。

(3)進口商挑剔單據的風險：若因市況變動，該筆交易對進口商而言已無利益，則惡質的進口商可能挑剔單據中微不足道的瑕疵，藉口要求減價或拒付，出口商恐難免損失。

(4)國家風險：即使開狀銀行或進口商信用毫無問題，但若進口地發生戰爭或政治危機，當地實施金融管制，則貨款恐無法收回。
進口商的國家風險主要包括：

　　　　①外匯管制風險。

　　　　②貿易管制風險。

　　　　③戰爭或內亂。

　　⑸適用法律爭議的風險：信用狀統一慣例雖是國際慣例，但在國際法
　　　　上，不具強制執行力，如違反對其有拘束力的法律的強制性規定，
　　　　則失去其效力。例如雖然信用狀依據其所適用的 UCP 600 有效，但
　　　　如違反有關國家的外匯管理辦法、輸出入口法令等，則當事人也不
　　　　能執行。

　　⑹修改信用狀麻煩：賣方接到信用狀後，如發現信用狀條款與契約條
　　　　件不一致而不能遵照辦理時，須要請求買方修改信用狀，不但增加
　　　　其麻煩，其修改通常屬緊急事項，多以電報為之，增加費用。

　　⑺單據製作麻煩，押匯手續繁雜，付給銀行的各項費用侵蝕了利潤。

　　由此可知，信用狀對出口商而言，雖可降低進口商的信用風險，但不
能免除一切貿易風險，除仍須承擔進口商挑剔單據瑕疵或惡意索賠的信用
風險之外，亦須承擔開狀銀行的信用風險，以及進口地的政治風險。因此
切勿以為以信用狀付款，便可高枕無憂，交易之前仍應做好充分的市場調
查與信用調查。

 二、對進口商而言

1.利

　　⑴可獲得資金融通的便利：憑信用狀交易，進口商申請開發信用狀時，
　　　　通常僅須繳交信用狀金額一定成數的保證金 (Margin)，其餘由開狀
　　　　銀行墊付。如非憑信用狀交易，出口商可能會要求進口商預付一部
　　　　分或全部貨款後，才肯發貨。

　　⑵可確定出口商履行契約的日期：因出口商必須按照信用狀所列條件，
　　　　在規定期限內裝運貨物，所以進口商可大致確定出口商履行契約的
　　　　日期。

⑶可獲得信用保障：出口商須按信用狀條件辦理押匯（或兌款），押匯（或兌款）銀行必對各種單據詳予審查，符合信用狀條件才予押匯或付款，所以只要信用狀條件規定得適當，進口商可獲得相當的保障。

⑷可獲得低利資金的運用：信用狀可給進口商獲得低利資金的利用。

2.弊

⑴出口商惡意詐欺──單據欺詐：開狀銀行是憑信用狀條件辦理付款，著重單據審核，而不問貨物實際上是否與單據所記載者相符。因此進口商仍須注意出口商的信用，以免出口商以假貨、劣貨交運，甚至根本未出貨，而以表面完全符合信用狀的偽造單據 (Forged Documents) 或詐欺性單據 (Fraudulent Documents) 詐騙貨款情事發生。須知以信用狀為付款方式時，銀行不能排除出口商詐騙的風險。銀行所能做到的，只是信用風險的降低，並在貨物運送中，給予資金周轉便利。

⑵出口商不交貨：出口商雖已收到信用狀，但或因市況產生變化，或因出口商無法正常供貨，不依規定交運貨物，致交易無法順利進行。

⑶信用狀開發手續較繁雜，手續費及其他各種銀行費用較貴。

⑷保證金凍結：買方於申請開狀時，應提出若干保證金。這些保證金被凍結於銀行，影響買方資金的運用。

⑸修改信用狀麻煩：當賣方接到信用狀後，如發現信用狀所載條款與買賣契約條件不符或賣方不能履行時，必定要求買方修改信用狀，此時買方不但需要向原開狀銀行申請修改，同時尚需繳納修改手續費，不但增加費用，也影響交易的速度。

由上述分析可知，信用狀對於新客戶間的交易或信用情形不甚了解的當事人間的交易，固然是不可缺少的保證手段，但對於信用卓著的公司或貿易商的交易，即使無信用狀亦應無甚大影響。許多國家為促進貿易的擴張，加強輸出保險制度，以國家或其指定機關承擔一部分信用上的風險，

因此付款交單 (D/P) 與承兌交單 (D/A) 等託收方式，逐漸被部分人使用，致信用狀漸失去其原有的重要性。

第六節 信用狀交易風險的規避

在國際貿易中，詐騙案常常發生。信用狀支付方式的欺詐事件尤其屢見不鮮。曾是國際商會主席的 B. S. Wheble 說過：「我們應該注意目前存在的詐欺這個重要問題，清楚地認識到詐欺的起因。首先是由於商業一方與一個無賴簽立契約，但是跟單信用狀只是為商業交易而辦理付款。它不能當『警察』來控制詐欺的發生。」因此，為防止詐騙而造成嚴重損失，應不斷提高警覺，注意自我保護採取防範措失。以下就信用狀交易風險的規避方法予以介紹。

一、對出口商而言

1.做好進口商的資信調查

選擇資信良好的進口商作為貿易對手，以保障交易的順利進行。

2.掌握開狀銀行的資信

信用狀屬於銀行信用，開狀銀行承擔付款責任，所以，對開狀銀行的資信狀況、經營作風等都要加以調查了解。如開狀銀行資信差，應要求資信較佳的銀行開狀，或另找一家信譽卓著的銀行加以保兌。

3.認真審查信用狀內容

出口商接到信用狀後應審查信用狀內容與買賣契約是否一致，對單據的要求、裝運期限、信用狀有效期限等等是否都可接受？若難以接受，即應立即要求進口商修改信用狀，否則不宜貿然出貨。

4.嚴格按信用狀規定製作單據並在規定期限內提示

出口商提示單據請求押匯、承兌或付款之前應嚴格審查所繕製的單據是否與信用狀條款、UCP 相關的規定及國際標準銀行實務一致。單據的掙

示則應在信用狀規定提示期限內。

5.押匯銀行嚴格審查單據

出口商應要求押匯銀行嚴格審查所提示單據是否與信用狀規定相符。若有不符之處，應請出口商補正。出口商絕不可為了早一點收到押匯款，不合理地要求押匯銀行放寬審查尺度。

6.改用其他付款方式

例如採用信用狀與其他方式結合。

7.投保輸出保險

必要時，可考慮投保輸出保險。例如進口國政經情況不穩定時，就有必要投保輸出保險。

二、對進口商而言

1.做好出口商的資信調查

選擇資信良好的出口商作為貿易對手，以保障交易的順利進行。

2.謹慎地規定信用狀的條款 (Terms and Conditions)

進口商應透過信用狀的條款來規範受益人（出口商）執行買賣契約。信用狀中的規定應能防範惡質商人的不軌行為為要件，以保護自身的利益。就實務上來看，惡質的出口商提示偽造單據或詐欺性單據詐取貨款的情形不少。就實際情形來看，提單的偽造最為嚴重。因此：

⑴在信用狀上應訂明必須由著名船公司的船舶承運 Lloyds List and Shipping Gazette（勞依茲日報暨航運公報）、國際海事局以及一些航運經紀人也可提供有關船舶、承運人、傭船人等各種情報。這對進口商來說，可及時了解貨物裝運情況，如發生有疑問就可及時因應處理。

⑵至於防範詐欺性單據，進口商可在買賣契約中規定貨物在裝運前由信用卓著的公證檢驗機構（如瑞士通用公證檢驗集團 (SGS)）負責對貨物實施檢驗，並規定檢驗報告中的一部分由該檢驗機構逕寄押匯

銀行（信用狀中指定押匯銀行）或開狀銀行，以便銀行在審核單據時，將之與出口商提示的檢驗報告核對。此外進口貨物若屬大宗物資或大型設備，進口商可指定信用卓著的檢驗機構到裝船港檢驗及監督裝運。

3.加強審查單據工作，認真研讀

以下是審查單據是否相符的依據：

(1) UCP：包括 eUCP。

(2)有關 UCP 的「國際商會銀行委員會見解」(Opinions of ICC Banking Commission)。

(3)國際標準銀行實務：跟單信用狀項下單據之審查——ISBP (International Standard Banking Practice for the Examination of Documents under Documentary Credits)。

(4)有關 UCP 的國際商會出版物。

(5) Incoterms 2010。

4.避免擔保提貨的風險

單據未到但貨已到時，若要申請辦理擔保提貨應謹慎。最好先到海關倉庫設法察看貨物。若有疑問則應採取適當措施，以免提貨後無法拒付。

5.要求出口商提供銀行保證函或 Standby L/C

如對出口商資信了解不夠，而交易金額又較大時，可在買賣契約中規定出口商須提供銀行保證函或 Standby L/C，以供出口商不履約時，可憑其兌款，彌補損失。

6.改用其他付款方式

例如一部分用信用狀方式，另一部分則用託收方式。

第七節　適合採用信用狀方式貿易的情形

信用狀的使用解決了進出口雙方互不信任的矛盾，並可向進出口商提

供資金融通，利於資金周轉。所以，過去在國際貿易中得到廣泛的運用。
然而，隨著國際貿易環境的變化、多元市場的形成、競爭的激烈化、通訊
的進步，以信用狀作為國際貿易支付工具的情形，已漸失去其往昔的地位
（但作為保證用的 Standby L/C 卻越來越重要）。

 ## 一、對出口商而言

對出口商而言，下述情況適合以信用狀方式交易：

(1)對進口商資信無把握時。

(2)進口商外匯短缺有嚴格外匯管制時。因獲得政府外匯核配才能開出
　　信用狀。

(3)進口國政治社會經濟不穩定時。

(4)出口商為便於資金融通須憑信用狀辦理 Pre-shipment Financing（裝
　　運前融資）或打包放款 (Packing Credit) 用以收購、加工、生產出口
　　貨物和打包裝運時。

(5)出口商為中間商，須憑轉讓信用狀或轉開信用狀方式向供應商（在
　　國內或在國外）購買出口貨物時。

 ## 二、對進口商而言

對進口商而言，下述情況適合以信用狀方式交易：

(1)對出口商資信無把握，但又無法要求以託收 (Collection) 或記帳
　　(O/A) 方式交易時。

(2)進口商需要資金融通時：進口商可利用遠期信用狀交易憑信託收據
　　(Trust Receipt) 向銀行借單（提單）先行提貨轉售，到期再付款，從
　　而獲得資金融通便利。

 **第八節　信用狀方式貿易契約重要條款的約定**

 一、價格條件

1.計價幣別

計價幣別宜採用幣值穩定的通貨。

2.價格估算

估算售價時，應估入押匯手續費、押匯息、貼現息、國外費用、郵電費或可能發生的轉押息及瑕疵利息。

3.貿易條件

原則上以 FOB (FCA)、CFR (CPT) 或 CIF (CIP) 為條件。

 二、付款條件

1.規定信用狀開發或到達時間

例如約定：

(1) L/C to be opened within 10 days after conclusion of contract, otherwise this contract shall be cancelled unconditionally.

(2) L/C to be opened to reach the sellers...days before the month of shipment.

2.開狀銀行資信的規定

例如約定：

L/C must be opened by a bank acceptable to the sellers.

3.約定信用狀的受益人

例如約定以出口商為受益人 (in favor of the sellers)。

4.信用狀的種類

信用狀的種類很多，所以究竟要開出那一種信用狀，隨著具體交易不

同狀況，對信用狀種類要求也不同。因此，每個契約均須明確訂定信用狀類別。

對出口商而言，可能要求開發可轉讓信用狀，也可能要求開發保兌信用狀。

5.信用狀金額

信用狀金額一般都規定按買賣契約金額開出信用狀，同時規定按發票金額的 100% 動支。另參閱 UCP 600 Art. 30 有關信用狀金額的寬容範圍。但如果涉及額外費用需在信用狀金額外支付者，則必須在契約中約定信用狀應作相應的規定。

例如約定：

The buyers shall stipulate in the L/C: port congestion surcharges, if any, at the time of shipment is for buyers' account and shall be paid to beneficiaries in excess of the credit amount against receipt showing actual surcharges paid.

6.信用狀有效期限和到期地點（提示地點）

信用狀的有效期限應與裝運期限配合，通常至少要比裝運期限多 15 天，例如約定：

L/C should keep valid for negotiation at least 15 days after the data of shipment.

至於信用狀有效期限的到期地點，有三種情況，即押匯地、承兌地及付款地。押匯地點一般在出口地，所以為了便於掌握時間及時向銀行提示單據，最好規定信用狀到期地點在受益人所在地的出口地，例如 Valid for negotiation in Taiwan until...。

7.正本運送單據提示期限

若未規定正本運送單據提示期限則依 UCP 600 Art. 14 (c)，應於裝運日後 21 曆日內提示，但不得遲於信用狀有效期限。

8.指定應向銀行提示的單據

應明確規定押匯時應提示的單據及份數。運送單據的收貨人以 "to

order of shipper" 為宜。

9.有關利息及銀行費用的約定

例如約定：

...available by 90 days sight draft, discount rate at 5% per annum and acceptance charge of drawee bank are for buyers' account.

茲將買賣契約中以信用狀為付款條件的具體約定方法列舉若干如下：

(1)即期信用狀：

The buyers shall open through a bank acceptable to the sellers an irrevocable sight L/C to reach the sellers...days before the month of shipment, valid for negotiation in Taiwan until the 15th day after the month of shipment.

(2)遠期信用狀：

The buyers shall open through a bank acceptable to the sellers an irrevocable L/C at 30 days sight to reach the sellers...days before the month of shipment, valid for negotiation until the 15th day after the month of shipment.

(3)可轉讓、保兌信用狀：

The buyers shall open through a prime bank an irrevocable, transferable L/C confirmed by a first class bank in USA, covering full value of the contracted goods, in favor of the sellers, available by draft at sight for 100% invoice value, accompanied with the following documents:

① full set of clean on-board B/L

② ...

③ ...

Such L/C must reach the sellers...days before the month of shipment, valid for negotiation until the 15th day after the date of shipment. Should the buyers fail to provide the L/C according to the contract, the sellers have the option of canceling the contract.

　　像託收付款條件一樣，如進出口雙方對買賣契約中的信用狀付款條件有一致的理解，也可採如下的簡化訂法。例如：

　　⑴ Payment by irrevocable sight L/C

　　⑵ Payment by irrevocable L/C at 30 days sight

　　⑶ Payment by irrevocable L/C at 30 days after the date of B/L

 ## 三、裝運條款

　　⑴裝運港（地）與目的港（地）。

　　⑵裝運期限。

　　⑶裝運工具。

　　⑷可否分批裝運？

　　⑸可否轉運？

例如約定：

Shipment on or before July 31, 20– from Taiwan to Los Angeles allowing partial shipments and transshipment.

 ## 四、保險條款

　　在 CIF 或 CIP 時應約定保險險類、保險金額等。

 ## 五、其他條款

　　如有特殊情形需加以約定者，可加以規定。

 第九節　信用狀統一慣例與 ISBP

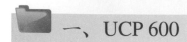 一、UCP 600

　　信用狀在目前國際貿易中是重要的付款方式之一，運用普遍，且已有相當的歷史。但由於有關當事人居於不同的法律地域，或不同的商業習慣地域，以致當事人對於各自的權利、義務或信用狀文字的解釋，屢有爭執的情形。為解決此類糾紛及防患於未然，國際商會乃制定了「信用狀統一慣例」作為統一國際間對信用狀處理的方法、習慣、術語解釋，以及當事人間義務與責任的準則。

　　信用狀統一慣例最早是於 1933 年制定。其後，國際商會為因應國際貿易的發展，以及鑑於信用狀交易內容日趨複雜，先後作了六次修訂，目前所通行者為 2007 年修訂版。該修訂版由國際商會以第 600 號出版物公布，全文共 39 條。

　　雖然信用狀統一慣例已廣為全球銀行及貿易界所採用，但其僅是一國際商業慣例，並非國際法，不具有當然的拘束力。必須在信用狀中載明適用該信用狀統一慣例，該信用狀統一慣例才對該信用狀的當事人具有拘束力。由於信用狀統一慣例已被普遍採用，因此絕大多數的信用狀均有載明類如下列的條款：

　　"Except so far as otherwise expressly stated, this credit is subject to Uniform Customs and Practice for Documentary Credit (2007 Revision), International Chamber of Commerce Publication No. 600."

　　此外，信用狀的當事人如不欲適用信用狀統一慣例中的某些規定，可在信用狀中以加列條款的方式排除適用。加列條款的效力優先於統一慣例的規定，例如 UCP 600 Art. 39 規定：「受讓信用狀不得經第二受益人之請求轉讓予隨後之任何受益人……」，若信用狀中載明：「本信用狀可轉讓兩

次以上」，則該信用狀的受讓人便可將信用狀再轉讓給他人（第三受益人）。

二、eUCP

二十世紀末，網際網路 (Internet) 的出現與盛行，掀起資訊傳遞與商務溝通方式的重大改革，帶動電子商務的興起。一些大型銀行近年來已開始透過 Internet 與客戶進行信用狀的申請、通知等手續，直接在網路上完成許多信用狀的文書作業，提升信用狀的作業效率。未來，信用狀從申請、開狀、押匯到付款整個流程的全面 e 化（電子化），也將是必然的趨勢。「電子信用狀」(Electronic Letter of Credit) 將逐漸取代傳統的書面信用狀。但是國際間規範信用狀的 UCP 只適用傳統的書面信用狀，無法規範新型態的電子信用狀。

有鑑於此，國際商會遂制定了「電子信用狀統一慣例」(eUCP Version 1.0)，自 2002 年 4 月起正式實施。UCP 600 定案之後，ICC 也將 eUCP 更新為 Version 1.1，作為 UCP 600 的補充，於 2007 年 7 月與 UCP 600 同時實施。

eUCP 的角色是擔任「以規範書面信用狀為主的 UCP」和「等同於書面作業基礎的電子信用狀」之間的橋梁，以作為 UCP 的補充，規範電子貿易中有關信用狀的簽發與提示作業。因此 eUCP 本質上並不是一套可以單獨存在或獨立運作的規則，它必須依附於 UCP，始有真正意義，也就是說，當電子信用狀適用 eUCP 時，必須同時適用 UCP，才具有規範電子信用狀的效力。

eUCP 規範的主要是信用狀的「電子提示」，而不是信用狀的「電子開發」或「電子通知」，因為在 eUCP 發布之前，後兩者在實務界早已行之多年，而利用電子方式開發或通知信用狀，在單獨適用 UCP 時並沒有問題。

三、ISBP

依據 UCP 500 Art. 13 的規定：「銀行須以相當之注意審查信用狀規定

之一切單據，藉以確定該等單據就表面所示與信用狀之條款是否相符。所
規定之單據表面與信用狀條款之相符性，應由本慣例所反映之國際間標準
銀行實務決定之……」。但是由於各當事人對於所謂「國際間標準銀行實務」
認知以及解釋的錯誤或歧異，對於單據是否符合信用狀規定的相關爭議，
仍時有所聞。有鑑於此，ICC 遂於 2002 年公布「關於審核跟單信用狀項下
單據的國際標準銀行實務」(International Standard Banking Practice for the
Examination of Documents under Documentary Credit, ISBP)，以清單的方式
列舉各項信用狀下審核單據的銀行實務，補充 UCP 的規定。隨著 UCP 600
於 2007 年 7 月 1 日的正式實施，ICC 也同步公布新版的 ISBP，修訂版的
ISBP 全文共 185 條。

　　ISBP 詳細且具體的規定了 UCP 所指的作為審單標準的國際標準銀行
實務，以補充 UCP 未明確規定但實際運作時十分容易產生爭議的部分，將
成為全球銀行審核信用狀項下單據統一標準，從業人員正確理解和使用
UCP，統一和規範信用狀單據的審核實務，進而減少不必要的糾紛等，具
有實際指導的重要意義。ISBP 大部分的內容是 UCP 沒有直接規定的，因
此就性質而言，ISBP 並不是對 UCP 的修訂而是對 UCP 的補充，解釋單據
處理人員應如何應用 UCP 所反映的實務作法，兩者是相輔相成，單獨使用
並不適當。因此開狀銀行並不需要在信用狀中載明適用 ISBP，在 UCP 與
ISBP 有衝突牴觸時，仍以 UCP 的規定優先。

第十節　申請人填寫開發信用狀申請書的要領

　　開狀銀行循開狀申請人（買方）要求開發信用狀，是以開狀申請人提
出的開發信用狀申請書內容為依據。因此，開狀申請人填寫開發信用狀申
請書時，應特別謹慎，以免發生不利的後果。開狀申請人在填寫申請書時，
對於下列各點應特別留意。

　　⑴應將必要事項完全正確的記載清楚，且其內容不矛盾。

(2)申請書所填內容不得違反買賣契約條款。

(3)照申請書內容開發的信用狀，在執行上或國際慣例上不致發生困難。

(4)所要求的單據種類及形式，遞送方法等應以可確保開狀銀行債權為原則。

(5)須合乎國家法令、規章及信用狀統一慣例。

(6)不宜將買賣契約內容過分詳載於信用狀上。

茲將填寫開發信用狀申請書檢核表附於後。

 表 4-1　填寫開發信用狀申請書檢核表

檢核 項目	核對類別		
申請人	名稱及地址		
受益人	名稱及地址		
申請開狀日期	年　月　日		
適用規則			
信用狀種類	□可撤銷　　　　　　　　□不可撤銷 □即期　　　　　　　　　□遠期、付款期限 □跟單　　　　　　　　　□不跟單 □讓購　　　　　　　　　□直接 □一般　　　　　　　　　□限押 □保兌　　　　　　　　　□無保兌 □可轉讓　　　　　　　　□不可轉讓		
通知方式	□郵遞	□電匯	□全電 □簡電
有效期限	□　年　月　日	□在受益人所在國 □在申請人所在國	
信用狀金額	□大小寫金額 □金額增減金額百分比 □最大金額限制	□增＿＿＿＿＿％ □減＿＿＿＿＿％	
匯票	□發票人　　　　□付款人　　　　□金額		
分批裝運	□可	□不可	
轉運	□可	□不可	
收貨地			
裝運港／裝運機場 卸貨港／目的地機場			

最終目的地／運至／交貨地				
裝運期限				
貨物名稱				
貨物數量	□可增減，_____% □不可增減			
貿易（價格）條件	□ FAS　　　□ FOB　　　□ CFR　　　□ CIF □ FCA　　　□ CPT　　　□ CIP　　　□			
應提示單據	名　稱	份　數	內　容	
	□商業發票	2	正式簽字	
	□海運提單	□全套 □	清潔裝船 to order of 開狀銀行 載明運費□ collect □ prepaid	
	□空運提單	1		
	□海 ＞ 郵政 □空　　包裹	1	收件人名稱、地址	
	□包裝單	2		
	□保險單 ＜ CIF CIP	2	□保額 110% of invoice value □險類 □ ICC (A) □ ICC (B) □ ICC (C) □	
	□其他			
費用負擔	國外銀行費用由 □受益人 ＞負擔 □申請人			
押匯期限	裝運日後_____天內，但不得逾信用狀有效期限			
保兌指示	□保兌 費用由 □申請人 ＞負擔 □不保兌　　　□受益人			

第十一節　受益人審查信用狀的 Check List

一、審查信用狀內容的重要性

　　因信用狀是依據開發信用狀申請書而開發，而該申請書內容則根據買賣契約而來，所以信用狀的內容應與買賣契約內容相符。然而，在很多情

形，賣方一接到買方所開來的信用狀，即以為貨款已到手，而對於其內容是否與買賣契約相符，卻疏於核對；對於履行信用狀所規定的條款有無困難，也不予檢討，一直到裝運或申請押匯的階段，才發覺問題重重，致無法順利押匯，而遭遇無謂的困擾或損失。

須知賣方如不能履行信用狀條件，即無法憑信用狀兌款，更不能援用買賣契約的規定，將信用狀條件予以補充或甚至變更。因此，審查信用狀上的條件是否與買賣契約內容相符，乃為賣方收到信用狀時，首先要做的重要工作。如發現有疑義，應即洽詢通知銀行並請其釋疑。如需要修改，應逕向買方要求修改，或經由通知銀行及開狀銀行要求買方修改，使其成為可接受的信用狀。

二、審查信用狀內容的要領

賣方接到信用狀之後，在審查信用狀內容時，應注意下列各點：

1.將信用狀與買賣契約核對

因信用狀內容是來自買賣契約，所以如果兩者有出入，應即要求修改信用狀相關條款。

2.有關信用狀本身應注意事項

(1)開狀銀行的信用可靠否：雖然近年來銀行倒閉情形少見，但不能說沒有。開狀銀行資信為何？是否為國際上著名銀行，應十分留意。如開狀銀行無履行付款的誠意或能力，則這種信用狀無異是一張廢紙。因此收到信用狀時，應先審查開狀銀行的信用情形。至於國外銀行的財務狀況可向本地銀行查詢，也可參考銀行年鑑（如 *The Bankers Almanac and Year Book*）。

(2)信用狀的真偽：信用狀有經由本地銀行通知者，也有由開狀銀行或買方逕寄賣方者。如屬於前者，通常已由通知銀行核對信用狀外觀的真實性，應無問題；如屬於後者，則應請本地銀行核對。通知銀行核對時如無法確信其外觀的真實性，通常在通知書上註明類如：

「本信用狀上簽字無法證實」（例如 As we are unable to verify the signature appearing on this credit... 或 We can not authenticate the signature appearing on this credit...）字樣，以提醒受益人注意。故賣方接到信用狀時，應注意其通知書上有無上述條款，如有，應即洽請通知銀行要求開狀銀行澄清。

在電傳信用狀的場合，該電傳的真偽，通知銀行通常都會查驗 (Verify)，如押碼不符，或無押碼，通知銀行會在通知書上註明，受益人接到電傳信用狀通知書時，自宜注意該電傳是否經押密無誤。

(3)是否為不可撤銷信用狀：信用狀上是否載明其為不可撤銷信用狀。如未載明則均視為不可撤銷信用狀 (UCP 600 Art. 3)。UCP 600 不再規範可撤銷信用狀。

(4)有無遵照現行信用狀統一慣例的字樣：有些信用狀並未載明遵守現行信用狀統一慣例辦理。這種易滋事端的信用狀，不可接受。

(5)是否為保兌信用狀：如於買賣契約上要求「須由第一流銀行開發不可撤銷信用狀並經由其他著名銀行保兌」，則接到信用狀時，應檢查是否業經另一家信用卓著的銀行保兌。

(6)是否為正本信用狀：受益人所接到的信用狀，如為電傳信用狀，而在該電文上註明：「本信用狀俟收到郵寄的證實書後，始生效力」（例如 "The credit will only be effective on receipt of mail confirmation"）或「詳情隨後郵寄」（例如 "Details to Follow"）等詞語時，該電傳信用狀尚不是有效的信用狀，必須收到郵寄的證實書後，才能憑以使用（參照 UCP 600 Art. 11 (a)）。又所接到的電文，如果為 Full Details Cable，則應注意在該電文中，有無表示該電傳信用狀必須俟收到郵寄的證實書始生效力，或詳情隨後郵寄等字樣，依 UCP 600 Art. 11 (a) 的規定，如電文中有上述詞句（即 Details to Follow），該電傳本身尚不能視為有效的信用狀正本，必須收到郵寄的證實書後，才可憑以辦理押匯。開狀銀行所拍出的 Full Details Cable 中，若有類似

"This is operative credit instrument and no mail confirmation will follow" 字樣，則該電傳本身即為信用狀正本，可直接憑以辦理押匯（開狀銀行亦無須再寄發證實書）。

3.有關信用狀條款應注意事項

(1)受益人名稱、地址與賣方名稱、地址相符否？

(2)開狀申請人名稱、地址與買方名稱、地址相符否？

(3)有關貨物的說明例如名稱、品質、數量等與契約所約定者相符否？

(4)信用狀金額、幣別、貿易條件、單據等與契約所規定者相符否？

(5)在遠期信用狀，如約定貼現息由買方負擔時，信用狀上應載明該事項（如無該項記載，則須由賣主負擔）。

(6)有關保險的規定是否正確？在 C&I、CIF 或 CIP 條件時，保險種類保險金額應與契約所規定者相符。

(7)契約規定必須為可轉讓信用狀者，信用狀中應載明其為可轉讓。

(8)裝運條件是否與契約相符？裝貨港、航程、卸貨港等，應與契約所規定等相符，如指定由某特定船隻承運時，由該船隻承運有無困難？

(9)可否部分裝運？按照契約可部分裝運者，信用狀上不能有禁止部分裝運的條款。

(10)可否轉運？按照契約可轉運者，信用狀上不能有禁止轉運的條款。

(11)信用狀上所要求的各種單據是否均可取得？尤其是檢驗證明書必須為契約所約定者，或提供無困難者。

(12)裝運期限與契約所規定者相符或適當否？

(13)提示押匯、付款或承兌期限必須適當（指裝運日後提示期間 (Period of Presentation)）。

(14)信用狀有效期限與契約所規定者相符或適當否？信用狀有效期限如與裝運日期相隔過短，往往不克在有效日期內辦理押匯。有以信用狀開發地或其他國外某地時間為信用狀有效期限屆滿日者（例如信用狀規定 "This credit is valid until Aug. 31, 20–, for presentation of documents in New York"），於此情形，必須在規定期限內，將匯票及單據送達該開發地或所指定的國外某地。萬一郵途中耽誤、該國郵政人員罷工，或其他不可抗力的原因，致匯票及單據無法在有效期限內寄到時，將遭拒付。因此有效期限的屆滿地點，應在臺灣。

(15)是否限定在某一銀行押匯？若有，則原則上不宜接受。信用狀上若記載必須在某一特定銀行辦理押匯，而該被指定銀行，若非受益人素有往來的銀行，則可能遭遇種種不便。於此情形，可要求取消此一條款，也可在買賣契約中，聲明不接受含有此類條款的信用狀。

(16)有無含有牴觸我國外匯貿易管理法令的條款？政府對於貨物的出口有種種規定，例如銷往某些國家的貨物必須於外包裝上標明 Made in Taiwan, R.O.C.；故信用狀的規定如有牴觸這些規定者，不能接受。

(17)是否能保持對貨物的控制權？賣方在押匯後，開狀銀行未付款以前，必須設法保持對貨物的控制權，以備遭拒付時，能順利將貨物另行處理。信用狀常有類如下述的規定：①賣方於裝出貨物後，必須將運送單據一份，甚至全套逕寄買方；②運送單據應以買方為受貨人 (Consigned to Buyer)；③在空運或郵遞時，規定以買方為受貨人。在①的情形，買方取得運送單據後，即可提領貨物，在②及③的情形，買方甚至可以不憑運送單據，也可提領貨物。如遇到不肖的買方，一面提走貨物，一面又藉詞拒付，豈不「賠了夫人又折兵」。因此信用狀中如有類似條款，除非對買方有充分的信任，否則不宜接受。

(18)各條款之間，有無互相矛盾或牴觸的情形？例如①一方面規定受益人須將一套單據逕寄買方，他方面又規定須提示全套單據憑以請示付款、承兌或押匯；②一方面規定貨物由臺灣空運至紐約 Kennedy Airport，他方面卻要求提示海運提單。這些規定都相互矛盾衝突，賣方將無法做到。

(19)不能載有限制信用狀效力的條款，即軟性條款 (Soft Clause)：在信用狀交易，開狀銀行是否付款，固然須視賣方是否能履行信用狀條件

而定，但信用狀所規定的條件，都必須以賣方能履行，才有意義。如果賣方無法依其自由意志來決定能否履行，而其決定權卻操在買方或開狀銀行手中，則這種信用狀已喪失其保障賣方只要履行信用狀條件即可獲兌付的原有功能。例如信用狀中規定："A telex, cable or fax from buyer for approval of shipment is required for negotiation"，"Inspection certificate issued by Mr. A (buyers' agent) certifying that he has inspected and found the goods satisfactory according to the contract is required for negotiation." 等條款時，貨樣或貨物是否能為買方（或其代理人）接受，全操在買方手中，賣方完全喪失信用狀的保障。

 **第十二節 信用狀項下單據的審核要領**

受益人想憑信用狀兌款，就必須提出符合信用狀中所規定的匯票（有時可免除）及單據；同時，銀行受理押匯、付款時，亦必須先審核匯票及單據是否符合信用狀，以下就受益人及銀行審核匯票、單據等的要點，加以說明。

1.信用狀的審核要領

(1)信用狀如由開狀銀行或進口商逕寄出口商者，須核驗開狀銀行簽字的真偽。

(2)必須是不可撤銷信用狀。

(3)信用狀是否為信用良好的銀行所開發？假如不是，有無信用卓著的銀行予以保兌？如無，應採謹慎態度。

(4)信用狀須未逾期失效。

(5)有無限制押匯銀行？如限由他行押匯時，應辦理轉押匯。

(6)信用狀所列條款不可與本國外匯貿易管制法令牴觸。

(7)信用狀幣類應為掛牌的貨幣，收款才無困難。

(8)押匯金額不能超過未用餘額。

(9)提示日必須在 UCP 600 Art. 14 (c) 所定期間內 (Period of Presentation)。

(10)有無經過修改，應予查明。

(11)信用狀如轉讓給第三者，應查明有無轉讓是否符合信用狀規定。

(12)電傳信用狀如不以其為正本者，押匯時除郵遞證實書外，尚應提示電傳信用狀。

(13)以電傳信用狀為正本者，該電傳信用狀是否確為正本，應予辨認清楚。

2.匯票的審核要領

匯票為貿易資金融通的最基本信用工具，也是銀行審核時必須重視的文件。匯票的製作是否符合法定要件，關係匯票的有效性，其審核要領如下：

(1)匯票日期應在信用狀有效期限 (Expiry Date of the Credit) 內，且必須在裝運日期後提示單據的特定期間內 (Period of Presentation)。

(2)匯票期限應與信用狀規定相符。

(3)匯票金額應與商業發票金額相符，除非另有規定。

(4)大小寫金額應一致。

(5)發票人名稱應與信用狀所載受益人名稱相符，並由有權簽字的人簽字。信用狀已轉讓者，則由受讓人簽發。

(6)須填上 "Drawn Clause"，且與信用狀規定相符。

(7)有利息條款者，須填上。

(8)被發票人名稱、地址應與信用狀規定相符。如未規定者，以開狀銀行為被發票人。

(9)如信用狀上金額前面有 "About" 字樣者，匯票金額不得超過該金額 10%。

(10)匯票金額不得超過信用狀未用餘額。

(11)匯票份數應按信用狀規定製具。

⑿有時規定以收據 (Receipt) 代替匯票，其格式大致如下：

Receipt

To ＿＿（付款人）＿＿　　　　　　　　　　Taipei, ＿＿（日期）＿＿

For ＿＿（金額小寫）＿＿

Say US Dollars ＿＿（金額大寫）＿＿ only

Received under Credit No. ＿＿（信用狀號碼）＿＿

dated ＿＿（日期）＿＿

Issued by ＿＿（開狀銀行）＿＿

出口商名稱及簽字

3.商業發票的審核要領

商業發票為整套單據的中心。銀行特別重視商業發票的審核，因為所裝運貨物是否與信用狀所規定者相符，以商業發票所載者為準之故也。

茲將審核商業發票時應注意事項說明於下：

⑴發票日期不宜遲於匯票簽發日，也不得遲於信用狀有效日及提示期間。

⑵除 UCP 600 Art. 38 及信用狀另有規定外，商業發票的製作人（簽發人）應為信用狀受益人，除信用狀另有規定外，發票不需要簽署 (UCP 600 Art. 18 (a) (iv)) 或加註日期（ISBP 第 66 條）。

⑶所有紙張應為受益人的用紙，不可使用他人的紙張。

⑷份數應與信用狀規定者相符。

⑸除 UCP 600 Art. 38 (h) 規定外，發票的抬頭人應為開狀申請人。

⑹發票所載嘜頭應與運送單據及其他單據所載者一致。

⑺貨物、勞務或履約行為的說明，例如名稱、規格、品質須與信用狀所規定者相符。不得載有信用狀未提及的貨物、勞務或履約行為，即使免費（例如樣品、小冊子）。

⑻數量、單位應具體表示，並與信用狀所規定者一致。

⑼信用狀規定的數量、單價，總金額前有 "About" 字樣者得有 10% 的伸縮性。

⑽須填明信用狀規定貿易條件，如 FOB Keelung, Incoterms 2010。

⑾運輸工具名稱、裝運日期、起運地、目的地均須與運送單據所載者相符。

⑿除非信用狀另有規定外，不得開列額外費用，如電報費、倉租、佣金等。

⒀商業發票金額須以信用狀同一貨幣表示且不得超過信用狀未用餘額，除另有規定外，且須與匯票金額相符。

⒁貨物有單價且准部分裝運者，所支貨款應與信用狀金額成比例。

⒂有更改處，須由發票人加簽。

⒃有些進口國家因外匯管制，信用狀上規定在商業發票上須載明輸入許可證號碼。有此要求者，須載明其號碼。

⒄如須由發票人自行證明 (Certify) 者，應加註 "We hereby certify that the contents herein are true and correct" 一類的句子，並將發票上的 "E.&O.E." 字樣刪除。

⒅如信用狀規定發票須經有關機關證明 (Certify) 或公證 (Notarize) 者，應照辦。

⒆信用狀規定須經商會或指定國家領事副署者，應由其副署。

⒇ "Drawn Clause" 須載明。

㉑商業發票上受益人及申請人的地址無須與信用狀所規定者相同，但須與信用狀中所述地處在同一國家內。

㉒信用狀所提及的聯絡細節 (Phone, Fax etc.) 敘明為受益人或申請人地址的一部分，將不予理會。

4.運送單據的審核要領

運送單據乃貨物收據及（或）貨運契約的合併文件，也可作為貨物業已交運的證明。因此，運送單據是單據中最重要的文件。

◆複合運送單據的審核要領：

複合運送單據的審核方法與下述海運提單相似，但應注意下列幾點：

(1)表明運送人名稱，並由下列任一人員簽署：

①運送人或代替或代表運送人的標名代理人。

②船長或代替或代表船長的標名代理人。

(2)表明貨物業已於信用狀規定的地點發送、接管或裝船，運送單據的簽發日期將視為發送、接管或裝船的日期及裝運日期，但若運送單據以圖章或註記表明發送、接管或裝船的日期，該日期將視為裝運日期。

(3)表明信用狀規定發送地、接管地或裝運地及最終目的地，即使：

①運送單據另外還載明了一個不同的發送、接管或裝運地或最終目的地。

②運送單據有「預定」或類似的關於船舶、裝載港或卸貨港的保留用語。

(4)得表明貨物將轉運或可能轉運，但以全程是由同一運送單據所涵蓋者為條件。

(5)即使信用狀禁止轉運，表明將轉運或可能發生轉運，可以接受。

◆海運提單的審核要領：

(1)提單上必須記載運送人的名稱及承運船名。

(2)提單須由運送人或替代或代表運送人的標名代理人，或由船長或替代或代表船長的標名代理人簽署。

(3)表明貨物已於信用狀規定的裝載港裝運於標名的船舶。

(4)提單種類應與信用狀所規定者相符。

(5)發貨人 (Consignor) 或託運人 (Shipper)，除信用狀另有規定外，得由受益人以外的人擔任(即 Third Party 也可受理，UCP 600 Art. 14 (k))。

(6)如提單上含有「預定船舶」或類似保留用語，已裝上標明船舶一事，應在提單加上裝載註記，該註記除表明貨物裝運日期外，也應包括裝載該貨物的船名。

(7)表明貨物從信用狀規定的裝載港運送至卸貨港：如果提單沒有表明

信用狀規定的裝載港為裝載港，或者其載有「預定的」或類似的關於裝載港保留用語，則須以裝載註記表明信用狀規定的裝載港、裝運日期及船舶名稱。

(8)提單上須涵蓋運送條件的全部或一部分是參照該提單（指簡式或背面空白提單）以外的來源或單據。

(9)提單上不得表明其是以傭船契約為準，也不得表明承運船舶是僅用風帆推動。

(10)在提單上 "Description" 欄須填明商業發票所載貨物的名稱或其概括性名稱 (General Name)；不得含額外貨物，即使不另支付貨款（例如註明包含樣品、或備用零件，不另收費）。

(11)數量、嘜頭、體積、重量、件數須與其他單據所載者一致。

(12)受貨人與受通知人 (Notify Party) 應與信用狀規定者相符。

(13)信用狀所規定貿易條件為 CFR、CIF 者，除另有規定外，提單上須註明 "Freight Prepaid" 或其他表示貨款已付訖字樣。FOB、C&I、FAS 等貿易條件者，除非另有規定，應註明 "Freight Collect" 字樣。

(14)除非信用狀特別禁止，提單上得註明運費以外的費用，例如裝貨、卸貨或類似作業所生的費用或代墊款項未付字樣（ISBP 第 98 條，UCP 600 Art. 26 (c)）。

(15)應為清潔提單 (UCP 600 Art. 27)。

(16)除非信用狀明文規定可以接受外，裝載於甲板上的艙面提單 (On-deck B/L) 不能接受。即使保險單上已加保艙面險也不能接受 (UCP 600 Art. 26 (a))。

(17)除信用狀另有規定外，提單上得含有 "Shippers' Load and Count" 或 "Said by Shipper to Contain" 等字樣 (UCP 600 Art. 26 (b))。

(18)更正處，須有原船公司、船長或其代理人加簽以確認。

(19)提單簽發日期不得遲於信用狀規定的最遲裝運日期。

(20)除另有規定，提單份數與信用狀規定相符且是全套。

⑵货物由启运地到达目的地所经航程应符合信用状的规定，例如 O.C.P.–; "Option–/–/–, In transit to–; Via–" 等。

⑵除非信用状另有规定，提单签发日期早于信用状开发日期者，得接受，但以该提单是于信用状及信用状统一惯例所定期间内提示者为限 (UCP 600 Art. 14 (i))。

⑵提单的签发日期将视为装运日期，提单含装载注记表明装运日期者，该装载注记的日期将视为装运日期。

⑵提单必须自装船日后一特定期间内提示 (依信用状的规定)，如信用状未规定者，应在二十一历日内提示 (UCP 600 Art. 14 (c))。

⑵信用状未规定最后装船日者，其装运日期不得迟于信用状有效日期。

⑵两张以上信用状的货物合并装船时，须信用状有明文规定方能接受，且须同一受货人及同一开状银行。例如约定：

"Goods may be shipped with other goods not covered by this credit for the same consignee under L/C established by ourselves for these accreditiors."

⑵提单上显示货物将于中途转运或可能转运者，可接受，但以运送全程是由同一提单涵盖为条件 (UCP 600 Art. 14 (c) (i))。

⑵即使信用状禁止转运，如提单所示货物已装运于货柜、拖车或子母船的子船，表明将转运或可能发生转运者，可接受 (UCP 600 Art. 14 (c) (ii))。

⑵提单上受货人以 "To Order of Shipper" 或 "To Order" 表示者，须由出口商作成背书，至于受货人为进口商或其代理人或开状银行者，不必背书，如受货人为 "To Order of Negotiating Bank" 者，押汇银行应背书。

◆不可转让海运货单的审核要领：

⑴表明运送人名称，并由下列人员签署：

①运送人或代替或代表运送人的标名代理人。

②船長或代替或代表船長的標名代理人。

⑵表明貨物已於信用狀規定的裝載港裝運於標名的船舶。

⑶表明裝運日期。

⑷表明貨物從信用狀規定的裝載港運送至卸貨港。

⑸須提示全套提單。

⑹未含表明其是受傭船契約規範。

⑺得表明貨物將轉運或可能轉運，但以運送全程是由同一不可轉讓海運貨單所涵蓋者為條件 (UCP 600 Art. 21 (c) (i))。

⑻即使禁止轉運，若貨物已裝運於貨櫃拖車或子母船的子船表明將轉運或可能轉運的不可轉讓海運貨單可以接受 (UCP 600 Art. 21 (c) (ii))。

◆傭船提單的審核要領：

若信用狀要求或允許提供傭船提單，除非信用狀另有規定，其所提供的傭船提單須符合下列條件：

⑴含有以傭船契約為準的文句。

⑵顯示經由下列任一人員簽署：

　①船長或代替或代表船長的標名代理人。

　②船東或代替或代表船東的標名代理人。

　③傭船人或代替或代表傭船人的標名代理人。

⑶表明貨物已於信用狀規定的裝載港裝運於標名的船舶貨港及卸貨港。

⑷表明信用狀所規定的裝貨港及卸貨港。卸貨港也得以信用狀規定的地理區域顯示。

⑸必須提示全套提單。

⑹信用狀所規定貿易條件為 CFR、CIF 者，除信用狀另有規定外，提單上必須註明運費付訖。

⑺得以信用狀受益人以外的人為發貨人 (UCP 600 Art. 14 (k))。

⑻提單以上戳記或其他方式加註運費以外的附加費用，諸如有關裝卸

或類似作業所引起的費用或墊付款者，除非信用狀中禁止，可接受。

⑼提單上須載明信用狀所規定貨物名稱或其概括名稱。

⑽受貨人、受通知人名稱應與信用狀所規定者相符。

⑾必須為清潔提單。

⑿更正處須有船東、船長、傭船人或其代理人簽署，但代理人簽署時須表明其為船東、船長、傭船人的代理人。

⒀提單簽發日不得遲於信用狀規定最後裝運日期。

⒁除非另有規定，提單簽發日期早於信用狀開發日期者，得接受，但以該提單是於信用狀及信用狀統一慣例所定期限內提示者為限。

⒂提單的簽發日期將視為裝運日期，提單含有裝載註記表明裝運日期者，該日期將視為裝運日期。

⒃提單必須自裝運日後一特定期間內提示（依信用狀規定），若信用狀未規定者，應在裝運日後二十一曆日內提示 (UCP 600 Art. 14 (c))。

◆空運提單的審核要領：

空運提單的審核方法與海運提單相似，但應注意下列幾點：

⑴必須表明運送人名稱，並由運送人或代替或代表運送人的標名代理人簽署。

⑵必須表明貨物已被接受待運。

⑶表明簽發日期，此簽發日期將視為裝運日期，除非航空運送單據含實際裝運日期的特別註記。於此情形，該註記敘明的日期將視為裝運日期。

⑷表明信用狀規定的起飛機場及目的地機場名稱。

⑸航空提單必須顯示其發給發貨人或託運人的正本。

⑹航空提單必須涵蓋運送條件的全部或一部分是參照提單以外的來源或單據。

⑺即使信用狀禁止轉運，UCP 600 Art. 23 (c) 將接受表明將轉運，或可能轉運的航空提單，但以運送全程是由同一航空提單涵蓋者為限。

(8)收貨人及受通知人名稱與信用狀規定相符合。

(9)運費付訖? 運費待收?

◆郵政收據的審核要領:

(1)收件人及其地址須與信用狀所規定者相符。

(2)貨物記述須與發票及信用狀所規定者相符。

(3)郵包收據應有郵局戳記並須掛號。

(4)須顯示於信用狀規定的貨物裝運地蓋圖章或簽署並註明日期。該日期將視為裝運日期。

(5)郵政收據上宜載明信用狀號碼。

(6)收件人名稱須與信用狀規定相符。

◆快遞收據的審核要領:

(1)須表明快遞業者的名稱,並由該快遞業者於信用狀規定的貨物裝運地蓋圖章或簽署。

(2)表明取件或收件的日期或類似用語或具此旨趣措辭的日期,該日期將視為裝運日期。

(3)如要求快遞費用付訖或預付,須表明該費用已付訖或預付,但得以其所簽發證明快遞費用由受貨人以外之人負擔。

5.保險單據的審核要領

(1)保險單據應由保險公司或保險人或其代理人發行及簽署。如發行一份以上正本時,須提示全套。

(2)保險經紀人所發行的 Cover Note（投保通知書）不予接受。

(3)保險單據的種類須與信用狀規定者符合。但保險單可代替統保單項下的保險證明書或聲明書。

(4)投保幣別除另有規定外,須與信用狀的幣別相同。

(5)投保金額,應按信用狀的規定,如未規定時,不得低於貨物的 CIF 或 CIP 金額加 10%。

(6)保險金額大小寫金額須一致。

(7)除信用狀另有規定或除保險單據顯示其承保責任不遲於裝運日起生效外，保險單據日期不得遲於裝運日期。

(8)被保險人名稱應與信用狀所規定者相符。

(9)保險單上所載貨物名稱、數量、嘜頭等應與提單及其他單據所載者相符。

(10)承運船名或其他運送工具，應與運送單據上所示者相符。

(11)航程、航線、啟運日期應填明，且與運送單據上所載者相符。

(12)投保的險類須按信用狀規定。如信用狀上用 Usual Risk ……等用語，則不予理會。

(13)賠款地點、支付賠款代理行應載明。如信用狀未規定者，應以貨運目的地為賠款地點。

(14)所有附加條款 (Rider) 皆應有戳記或簽章或直接引註等據明其與本單為一體。

(15)如投保的貨物需轉運者，應加保轉運險。並加註 "With Transshipment at..." 或僅註 "With Transshipment" 字樣。

(16)除非信用狀另有規定，保險單據應為可流通形式 (Negotiable Form)，如以出口商為被保險人者，出口商應作成背書。

(17)倘信用狀允許貨裝艙面，且提單已載明 "On Deck" 者，保險單據應註明 "On Deck"。

(18)如從單據中不能確定 CIF 價或 CIP 價，投保金額須以要求兌付或讓購的金額，或商業發票上貨物總價額，以孰高者為核算基礎。

(19)承保危險至少涵蓋自信用狀規定的接管地或裝運地與卸貨地最終目的地的範圍。

6.包裝重量尺碼單的審核要領

(1)進口商名稱須與其他單據一致。

(2)貨物記述須與發票相符或不矛盾。

(3)數量的小計與合計須加以核算，其小計與合計須與商業發票所示相

符。

(4)毛重、才積須與運送單據上所示者相符。

(5)嘜頭須與其他單據所示者相符。

(6)由出口商簽名 (見 UCP 600 Art. 14 (f))。

(7)繕製日期不得遲於運送單據發行日期。

(8)信用狀要求 "Neutral Packing List" 或 "Packing List in Plain Paper" 者，包裝單應以無箋頭 (Letterhead) 的白紙繕製，出口商的名稱與簽章，不得出現於包裝單上。

(9)如果信用狀要求 "Sworn Weight/Measurement Certificate" 者，如無特別規定宜由公證行發行。

(10)單據名稱應與信用狀所規定者相符。例如信用狀規定 "Packing Specification" 不宜以 "Packing List" 代替，"Sworn Weight/Measurement List"，也不可以 "Weight List" 代替 "Weight Certificate"。

7.產地證明書的審核要領

這種證明書究竟由商會簽發，或由領事簽發，或由出口商自行簽發視信用狀規定而異 (另參閱 UCP 600 Art. 14 (f) 規定)。審查時應注意事項如下：

(1)所載貨物名稱數量應與商業發票所載相符。

(2)格式應符合進口國家的要求。

(3)須經信用狀所規定機構簽署者，應注意有無其簽證。

(4)應提出的份數須與信用狀的規定相符。

(5)須證明裝運貨物為本國產品。

(6)進口商或受貨人名稱、地址須與信用狀規定相符。

(7)簽發日期不得遲於裝運日期。

8.領事發票的審核要領

(1)託運人、受貨人名稱地址須與信用狀規定相同，如信用狀規定背書

人為 To Order 或開狀銀行時，領事發票人的受貨人為開狀申請人。

(2)貨物的說明、價格、數量應與商業發票上所示者相符。

(3)應由信用狀指定國家駐華領事發行。

(4)發行日期不得遲於信用狀有效日期或提示押匯期限。

(5)必須是正本。如信用狀要求 Verified Copy 時，應由指定的領事館簽署。

9.檢驗證明書的審核要領

(1)文件名稱須與信用狀所規定者相符。

(2)應由信用狀指定機構檢驗並發行（另見 UCP 600 Art. 14 (f)）。

(3)檢驗日期應在裝運日期之前，但不得距離裝運日之前過久。

(4)檢驗的貨物應為商業發票上所示貨物，其規格、嘜頭等應與其他單據相符。

(5)內容有修改之處，應有適當的加簽。

(6)檢驗項目及其內容須符合信用狀的規定，其檢驗結果是否合格？例如：

"We certify that the following material has been inspected and in accordance with our opinion based upon the report of our inspectors and our experience and judgement has been accepted under instructions provided."

如批註有瑕疵者，不能接受。

(7)檢驗人為減輕自己的責任，有時出具證明效力較弱的檢驗證明書。例如：

"Our obligation in making the inspection and for forwarding this certificate limits only to our client and represents our opinions on the date of inspection only."

倘檢驗報告無記載不合格事項，仍可接受。

10.其他單據的審核要領

(1)各單據的發行日期，不宜遲於運送單據發行日。

(2)應由發行人簽署（另見 UCP 600 Art. 14 (f)）。

(3)內容或措辭應與信用狀所規定者相符。信用狀未規定者，其內容所涉及的貨物、勞務或履約行為應與所提示的商業發票所涉及的貨物、勞務或履約行為有關聯者為限。如未要求商業發票者，須以與信用狀所涉及的貨物、勞務或履約行為有關聯者為限。

 **第十三節 押匯銀行對瑕疵單據的處理方式**

㈠瑕疵單據的意義

UCP 600 Art. 14 (a) 規定，銀行僅需以單據為本審查提示，藉以決定單據就其表面所示是否與信用狀條款相符，也就是構成符合的提示 (Complying Presentation)，否則即構成瑕疵 (Discrepancy)。所謂瑕疵單據 (Discrepant Documents) 乃指：

1.單據表面所示與信用狀規定不符——單、狀不符

如要求保險單卻提示保險證書；匯票金額超過信用狀金額；提單漏掉背書等。

2.單據與單據之間，在表面上顯示彼此不一致——單、單不一致

如包裝單上所列重量與提單、重量單與商業發票上所示者不一致；匯票金額與商業發票、海關發票上的金額記載不一致；提單上的裝貨日與其他單據上所顯示的裝貨日不一致等。

3.單據與 UCP 規定及國際標準銀行實務牴觸

㈡單據瑕疵的類別

根據押匯單據瑕疵嚴重程度的不同，可以將押匯單據的瑕疵分成下列二類：

1.輕微的單據瑕疵

出口商所提示的押匯單據，有時可能會因為疏忽而造成瑕疵，但這種瑕疵通常可以更正或補全。諸如商業發票買方抬頭人錯誤、保險單的保險險類漏保、提單收貨人及被通知人資料不全或發生錯誤等，皆屬可由出口商或相關製發人更正或補全的單據瑕疵。對於此種可以補全或瑕疵程度不嚴重的單據瑕疵，押匯銀行通常會要求出口商補正單據後，才承作押匯。

2.嚴重的單據瑕疵

若押匯單據有信用狀過期、遲裝船、遲提示、超押、運輸工具不符或裝運港口與卸貨港口和信用狀規定不符等瑕疵時，因其通常無法以更正或補全單據的方式補救，所以出口商只好尋求其他補救方法。

㈢銀行對於瑕疵單據的處理方式

銀行對於所提示的押匯單據審查後如發現有瑕疵時，通常會先判斷該項瑕疵是否可以更正或補全；若該等瑕疵可以更正或補全，銀行通常會要求出口商更正或補全，並於信用狀有效期限內提示；但若是較嚴重的瑕疵且無法更正或補全，只好尋求其他解決途逕。通常押匯銀行多會以服務客戶的立場，事先徵詢出口商對於解決此等瑕疵的意見，並在評估出口商信用及資力後採取以下方式處理：

1.保結押匯 (Negotiation under Letter of Indemnity)

對於不符合信用狀條件的單據瑕疵，有時因時間急迫無暇改正，出口商在徵得進口商同意下，或雖未徵得進口商同意但自忖進口商不致拒絕的前提下，會以提供保證書或保結書 (Letter of Indemnity, L/I) 的方式對押匯銀行保證，承諾就押匯銀行因承作有瑕疵的單據而產生的一切損害負補償之責。但是，押匯銀行不得以此一保證書來對抗開狀銀行。

2.電傳押匯 (Negotiation by Cable)

出口商對於單據有瑕疵，單據是否會被進口商接受沒有把握時；或因進口地外匯短缺；或因押匯銀行對某些特定地區不願以保結押匯承作；或

押匯銀行對於出口商的債信缺乏信心時，押匯銀行在徵得出口商同意下，拍發電傳至開狀銀行徵詢其是否接受電傳中所陳述的瑕疵。若開狀銀行回電表示接受該等單據的瑕疵，押匯銀行即可憑開狀銀行的授權（此種授權視同信用狀的修改書）辦理押匯。出口商可以考慮開狀銀行回電時間的長短（一般而言，依地區的不同，平均約需 3～4 天），對於在出貨前已確定無法避免且沒有時間修改或補正的瑕疵，即可透過銀行以電傳押匯方式處理，以爭取時效。若開狀銀行回電同意接受該項瑕疵，則對於出口商而言，無異於一般的押匯作業，並不會有太多的時間耽擱。

3.託收 (Payment by Collection)

出口商對於所提示有瑕疵的單據,是否會被進口商接受完全無把握時；或因開狀地區發生戰爭或政治動亂，銀行不願以保結押匯或電傳押匯處理時，只好請銀行將押匯單據寄往開狀銀行，請開狀銀行以託收方式決定是否付款。若開狀銀行決定接受單據，則押匯銀行在確認該託收款項已收妥且已接到入帳通知 (Credit Advice) 時，即可將扣除銀行費用後的託收款項付給出口商。

第十四節 開狀銀行如何拒付

開狀銀行對瑕疵單據主張拒付的處理方式如下：

1.是否拋棄瑕疵

若開狀銀行確定提示不符合,可以自行決定洽商申請人是否拋棄瑕疵。但這並不能延長 UCP 600 中所規定的期限。UCP 600 Art. 14 (b) 規定，開狀銀行有自提示之次日起最長五個銀行營業日，以確定提示是否符合。此一期限不因提示的當日或之後適逢信用狀有效期限或提示期間末日而縮短或影響。

2.將拒付的通知告知提示人

若開狀銀行認為所提示的匯票及（或）單據有瑕疵而決定拒付時，開

狀銀行須將此意旨以單次的通知告知提示人。此項通知必須聲明：

(1)銀行拒絕兌付；及

(2)銀行拒絕兌付所依據的各項瑕疵；及

(3)①銀行留置單據待提示人的進一步指示；或者

②銀行留置單據直到其從申請人處接到拋棄瑕疵的通知，並同意接受該拋棄；或者其同意接受對瑕疵的拋棄之前，從提示人收到其進一步指示；或者

③銀行退還單據；或者

④銀行正依先前自提示人收到的指示處理中 (UCP 600 Art. 16 (c))。

◆發出拒付通知之注意事項：

(1)上述通知必須以電傳方式發出，如不可能，則以其他快捷方式，在不遲於自提示日的次日起第五個銀行營業日終了之前發出 (UCP 600 Art. 16 (d))。

(2)開狀銀行按照上述 2.之(3)之①或②發出了通知之後，可以在任何時候將單據退還提示人 (UCP 600 Art. 16 (e))。

(3)如果開狀銀行未按照上述規定辦理，則不得主張提示不符 (UCP 600 Art. 16 (f))。

(4)開狀銀行拒絕兌付，並且按照上述規定發出拒付通知後，有權要求返還已償付的款項 (UCP 600 Art. 16 (g))。

(5)根據上述，可知開狀銀行對瑕疵單據主張拒付時，應遵守下列原則：

①拒付時以單據為本。

②五個銀行營業日內拒付。

③以電傳盡速通知寄單銀行。

④敘明拒付單據的一切瑕疵，並以一次為限 (Once and for All)。

⑤敘明單據的處理方式（留置或退還）。

第十五節　押匯銀行及出口商如何因應拒付

拒付 (Dishonor) 是指出口商所提示的匯票及（或）單據，因與信用狀規定不符，或因其他原因，遭開狀銀行或保兌銀行拒絕兌付之意。遭到拒付，對出口商而言是一件麻煩的事，也是令押匯銀行緊張的事。

拒付的原因，除了所提示的匯票及（或）單據與信用狀條款不符外，尚有：

(1)開狀申請人（進口商）故意挑剔錯誤或瑕疵（可能因市場發生變化）。

(2)開狀申請人蓄意詐欺。

(3)開狀銀行倒閉或失信不履行付款承諾。

(4)開狀銀行收到法院的禁止付款令 (Injunction)。

(5)進口地政經發生變化，禁止對外匯兌。

(一)押匯銀行接獲拒付通知時的處理

1.根據拒付理由採取下列措施

(1)將拒付理由迅速以電話及書面通知出口商。

(2)必要時向出口商追回押匯款本息，或徵提擔保品以確保債權。

(3)單據欠缺或誤打、漏打應記載事項時，請出口商迅速補足或更正，並迅速補送開狀銀行。因提示期間受 UCP 600 的限制，出口商必須盡速在提示期間內再提示補足或更正後的單據。

(4)督促出口商向進口商交涉，請其贖單。

2.向開狀銀行交涉或指示

(1)如拒付理由不當或牽強，應即予反駁，據理力爭，必要時請國際商會協助。

(2)貨物的保全措施：必要時，循出口商要求指示開狀銀行代辦提貨存倉、保險事宜。

㈡出口商的因應措施

(1)以電話、電傳迅速聯絡進口商尋求解決辦法。例如以折價方式補償解決。

(2)設法將貨物轉售。

(3)如已投保輸出保險，而拒付原因不可歸責於出口商，則可向中國輸出入銀行索賠。

(4)請求國際貿易局駐外商務辦事處協調，或依買賣契約約定提交仲裁。

NOTE

....

....

....

....

....

....

....

....

....

....

....

....

....

....

....

第五章

銀行保證函與擔保信用狀

第一節　新型的金融工具

在國際貿易付款業務中，除了匯付、託收和信用狀這些傳統的付款方式外，近幾十年來還流行具有信用保證與融資功能的特殊結算（付款）方式，例如銀行保證函和擔保信用狀等方式。由於國際間競爭激烈，為了配合下列需要，新的付款工具紛紛推出。

1.優惠條件的需要

在進出口貿易中，出口商雖不盡了解國外進口商的信用狀況，但為了提供較優的交易條件，以爭取訂單，往往冒險採用「先交貨後付款」(Payment after Delivery) 方式與國外進口商交易；對進口商而言，也可能有類似情況。不論是「先付款後交貨」(Payment before Delivery) 的預付貨款方式，或是「先交貨後付款」的記帳、寄售或分期付款方式，當事人難免承擔無法掌握的信用風險，以及資金周轉的壓力，因此有求銀行協助的需要。

2.國際投標的需要

在國際投標業務中，國人參與工程的國際競標時，國外業主（即公共工程招標人）為安全及風險管理的需要，通常都要求投標人須繳交「押標金」、「履約保證金」、「預付款還款保證金」或「融資保證」等，投標人則不得不商請往來銀行出面為之保證。

3.跨國授信的需要

國人在國外投資創業時，由於人地生疏無法獲得當地銀行的信任，乃洽國內往來銀行出面保證以便與當地銀行建立關係，辦理授信等業務。

有鑑於上述情形，為配合業界的需要，市場上紛紛推出具有信用擔保與融資功能的金融商品，供業主選用。了解和掌握這些新型的金融工具，有助於我們更靈活、方便、敏捷地做好國際付款的結算工作。

第二節　保證的意義與方式

一、保證的意義

　　所謂保證 (Guaranty) 乃「稱保證者，謂當事人約定，一方於他方之債務人不履行債務時，由其代負履行責任之契約」（民法第 739 條）。此之所謂「當事人」是指「債權人與保證人」而言；「一方」為保證人，「他方」為債權人（受益人），其所約定「一方於他方之債務人不履行債務時，由其代負履行責任之契約」謂之「保證契約」；「債務人」是指保證人的客戶（委託人、申請人）。保證人是應債務人的要求，而與債務人訂立保證契約，承諾債務人不履行債務（違約或不履行付款義務）時，債權人（受益人）得提示匯票及／或受益人聲明書與其他要求的單據，若符合保證契約條件（款）規定，則保證人就須履行兌付義務。

二、國際保證的方式

　　國際上最常見的保證方式有二：一為歐洲國家普通採用的銀行保證 (Bank Guarantee)，一為源自美國的擔保信用狀 (Standby L/C)，又稱為保證信用狀 (Guaranty L/C)。前者在歐洲流行已久，影響範圍甚廣；後者則以可塑性很高的姿態出現，標榜具有靈活、方便、快捷的特性，在金融財務槓桿上突顯其較具彈性的發展空間，現已成為國際保證的主流方式。

㈠銀行保證

　　早期流行於歐洲的保證稱為「保證函」(Letter of Guarantee)，這種保證函若由銀行簽發，則稱其為銀行保證函 (Bank Letter of Guarantee)，以別於由其他非銀行 (Non-bank)——例如保險公司——簽發者。

　　保證函結構通常有下列兩種：

1. 直接（三方）保證 (Direct Guarantee)

直接保證函結構的基本當事人有三：

(1) 委託人／申請人 (Principal/Applicant)：即向保證銀行申請開發保證函的人，也即銀行客戶（債務人），一般為基礎契約 (Underlying Contract) 的賣方（或買方）、投標人、承攬人或母公司。

(2) 保證人／簽發銀行 (Guarantor/Issuer)：即簽發保證函的銀行，亦稱為保證銀行，一般為銀行客戶／委託人／申請人的往來銀行。

(3) 被保證人／受益人 (Insured/Beneficiary)：即申請人／委託人／銀行客戶的交易對手，一般為買方（或賣方）、招標人或辦理融資的銀行。即有權按保證函規定出具匯票或連同其他單據向保證銀行索取款項的人。

在一般情形下，尤其在國際保證，還有一個當事人，即通知銀行 (Advising Bank)。它接受保證銀行的委託，將保證函通知受益人。

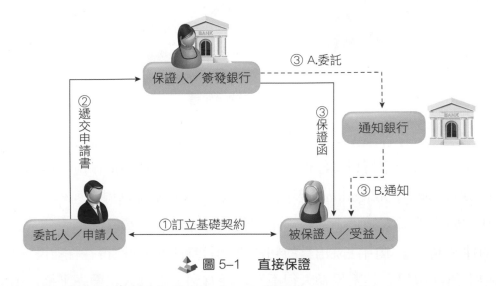

圖 5-1　直接保證

2. 間接（四方）保證 (Indirect Guarantee)

有時候，受益人（被保證人）只願接受當地銀行簽發的保證函，在此情形，申請人（委任人）的銀行只能算是指示人／銀行 (Instructing Party)，由其向受益人所在地國家的銀行簽發「相對保證」(Counter-guarantee)，憑

此，當地銀行再向受益人簽發保證函。

間接保證函的基本當事人有：

(1)委託人／申請人。

(2)指示人／指示銀行（委託人的往來銀行向保證銀行發出相對保證函）。

(3)被保證人／受益人。

(4)保證人／保證銀行。

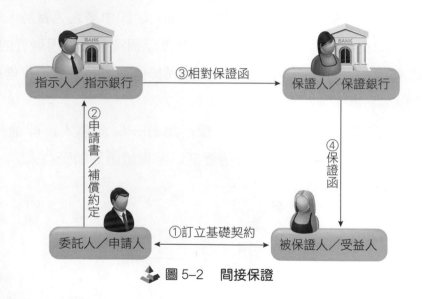

圖 5-2　間接保證

早期，銀行保證多以委託人違約或不能付款時，簽發銀行才負起付款的義務，即簽發銀行只負從債務責任 (Secondary Obligation) 或從屬性債務責任 (Accessory Obligation)。因此，保證函內常要敘述基礎交易作為要因，且往往要求受益人須提示違約或不能付款的證明。而這些又須為仲裁人出具的仲裁判斷書或由法院出具的判決書，但這種證明的取得往往費時曠日，或根本無法取得。這對受益人很不利，而有利於委託人，顯失平衡，所以不能被廣泛接受。

近年來，由於受益人（被保證人）勢力抬頭，不但銀行保證的「從債務責任」變成「主債務責任」(Primary Obligation)，而且保證內容也與其基

礎契約分離，變成「獨立的保證」(Independent Guarantee) 或「獨立性的付款保證」(Independent Undertaking of Payment)，「一經請求，即須付款」(Payment on Demand)，不得援用委託人與受益人間原始法律關係的抗辯。簽發銀行（保證人）既不介入委託人與受益人雙方的契約糾紛，也不探究其糾紛的是非曲直，只依保證函所載條件（款），一經請求即予付款，原則上不適用民法上保證的規定。

　　現代的銀行保證函因使用「保證」二字，故極易與一般民法上的觀念相混淆，產生誤解。實際上這兩者頗有不同，民法上的保證是屬有因行為，是一種「從屬的保證」(Accessory Guarantee)，但現代的銀行保證函的保證是一種無因的行為，是「獨立的保證」(Independent Guarantee)。

　　為了統一及標準化國際性的保證業務遊戲規則，國際商會 (ICC) 於 1992 年制定了「即付保證統一規則」(Uniform Rules on Demand Guarantee, URDG)，使國際銀行保證作業更加制式化，現行 URDG 為 2009 年所修訂，條文共有 35 條，內容簡潔、用辭淺顯易懂、立場平衡，對當事人（委託人、受益人、保證人等）的權益，保持不偏不倚、平衡、中立的立場。

㈡擔保信用狀

　　所謂擔保信用狀，又稱為保證信用狀，是指開狀銀行循客戶（申請人，Applicant）的請求，向受益人 (Beneficiary) 簽發的信用狀，用以擔保申請人在借款到期時會還款或履行某項契約義務。該信用狀承諾如借款人到期未能償還，或受益人認為申請人未能履行某項契約義務時，受益人可依信用狀的規定開出匯票及（或）出具「受益人聲明書」(Beneficiary's Statement) 或出具「債務不履行聲明書」(Statement of Default) 或類似單據向開狀銀行請求付款。若提示的單據符合信用狀條件，開狀銀行就會履行付款的義務。所以，與即付保證函 (Demand Guarantee)❶性質相同。

---

❶　即付保證函為一經請求即預付款項的保證函，其性質與擔保信用狀類似，詳細內容請參閱本章第三節。

國際商會出版的 ICC Publication No. 515, *Guide to Documentary Credit Operation of Standby L/C* 對 "Standby L/C" 所作定義為：「擔保信用狀是一跟單信用狀或類似的安排 (Similar Arrangement)，不論其名稱或描述為何，它代表開狀銀行對受益人的下列義務：

(1)償還開狀申請人的借款或預支給開狀申請人的款項或為開狀申請人支付的款項。

(2)支付由開狀申請人承擔的債務 (make payment of indebtedness)。

(3)支付由開狀申請人違約所造成的任何損失 (make payment of default)。

擔保信用狀起源於十九世紀的美國。一般而言，世界各國銀行均可簽發保證函，但 1879 年美國聯邦法禁止美國商銀為客戶提供保證之後，美國商銀簽發保證函成為越權行為和無效行為。於是為了滿足客戶要求提供擔保的需要，美國的銀行就簽發實際上屬於保證函性質的 Standby L/C，故又稱為 Guaranty L/C。

二次大戰後，Standby L/C 開始廣泛簽發，近半世紀以來隨著信用狀使用的盛行，Standby L/C 也發展成為形形色色，多功能的金融工具，其應用的範圍比「違約付款型」的即付保證函使用範圍更廣泛。

時至今日，雖然美國限制商業銀行簽發保證函的法律早已放寬，但由於 Standby L/C 不僅具有獨立性 (Independent)、單據化 (Documentary)、「請求即付」(Payment on Demand) 的特質，且具有內在靈活性及用途多樣性的特點。

在處理具體案例時又可根據 UCP 辦理，所以比起保證函來說，Standby L/C 更容易為銀行和企業界所接受。它不僅在美國沿用至今，而且日益廣泛地獲得世界各國銀行的應用。

1980 年代以來，我國銀行因受美國銀行的影響，開始開發及接受擔保信用狀，尤其以擔保信用狀作為保證融資貸款及還款保證的情形最多。由於擔保信用狀原則上申請人履約無誤時，受益人就不會動用信用狀，因此

也有人稱其為「備用信用狀」，於是它就成為「備而不用」的付款方式或結算方式。

 第三節 **擔保信用狀與銀行保證函的異同**

擔保信用狀與銀行保證函（指現代的國際性銀行保證函）有相同之處，但也存在著一些差異。

 一、擔保信用狀與銀行保證函相同之處

擔保信用狀與銀行保證函類似，在用途方面，兩者都可適用於各種契約的保證；在性質方面，兩者所要求的單據，除匯票外，多數都只有受益人所簽發的聲明書，聲明申請人未依約履行義務，與一般的商業跟單信用狀一樣僅憑單據付款，既不查究受益人的聲明是否屬實，也無須詢問申請人的意見，僅憑受益人的主張即予付款，其付款義務也是「一經請求即須付款」，兩者同樣均具備無因性，在實質上並無不同，只不過擔保信用狀是以信用狀的形式呈現。

 二、擔保信用狀與銀行保證函不同之處

1.承擔責任的不同

擔保信用狀獨立於基礎契約，開狀銀行對受益人承擔主要債務責任(Primary Obligation)。開狀銀行只憑信用狀規定的單據付款。至於受益人與申請人之間的爭議，與開狀銀行全然無關。唯一的例外是，受益人提示單據時，銀行已經知道該項單據是偽造的或有詐欺行為，銀行才能拒付。

至於銀行保證函則有獨立性和從屬性保證函之分。換言之，銀行作為擔保人，由於申請人違約、過失而承擔的賠償責任，有時是主要債務責任，有時是從屬性責任。開證銀行承擔主要債務責任，或稱獨立的償付責任(Independent Payment Obligation)，是指開證銀行的償付責任獨立於申請人

在基礎契約項下的責任義務。這類銀行保證函又稱「即付保證函」(Demand Guarantee) 或「獨立保證函」(Independent Guarantee)，從法律觀點來看，效力與擔保信用狀相當 ❷。至於銀行擔保從屬性債務責任 (Secondary Obligation) 是指「只有確認申請人違約時」，開證銀行才承擔償付責任。

2. 押匯銀行不同

擔保信用狀可規定向開狀銀行以外的其他銀行提示單據，並由此指定銀行讓購、付款、承兌或承擔延期付款的義務，而銀行保證函則無這種作法。

3. 到期地點不同

擔保信用狀的到期地點，視指定而不同，到期地點既可在開狀銀行，也可在受益人所在地或其他地點；而銀行保證函的到期地點則都在開證銀行所在地。

4. 簽發單位的不同

適用 UCP 的擔保信用狀僅限於由銀行簽發者，即付保證函的開發者，除銀行外，保險公司或其他機構或個人也可簽發。

5. 簽發目的的不同

擔保信用狀的開狀銀行可循申請人（客戶）的請求，或為其本身而簽發信用狀。為其本身而簽發的信用狀，稱為 Two-party Credit；而銀行保證函則僅限於擔保他人的債務。

銀行保證函與擔保信用狀不同之處雖然不少，但現代的銀行保證函與擔保信用狀，開證（狀）銀行的承諾或付款義務，並無實質上的差異，尤其適用慣例（無論 URDG 758、UCP 600 或 ISP 98）相同時，更無不同之處

---

❷ "From a legal perspective the standby credit is simply another term for the demand guarantee"（從法律觀點來看，擔保信用狀不過是即付保證函之另一稱謂）(*Guide to the ICC Uniform Rules for Demand Guarantees*, p. 16–ICC Publication No. 510, Oct, 1992)。之所以稱「擔保信用狀」，是因美國法律規定不允許銀行簽發保證函。為了規避使用「保證函」字樣，才使用「擔保信用狀」這一名稱。

只是名稱不同而已。

 **第四節** ## 擔保信用狀與商業信用狀的異同

「商業信用狀」一詞來自 UCP 的原始名稱「商業跟單信用狀統一慣例」，該慣例自 1933 年實施，到 1962 年修訂時，將「商業」二字刪去，改稱「跟單信用狀統一慣例」。UCP 600 第 1 條規定「跟單信用狀統一慣例……適用於其本文明示受本慣例規範的任何跟單信用狀（在其可適用範圍內，包括任何擔保信用狀……」，由此可知擔保信用狀是包括在跟單信用狀（一般商業信用狀）範疇內。

 一、擔保信用狀與商業信用狀相同之處

(1)擔保信用狀與商業信用狀的開狀銀行所承擔的付款義務都屬主要的 (Primary)，和獨立的 (Independent) 義務。

(2)開狀銀行及其指定銀行都是憑符合信用狀規定的單據付款，即屬「跟單的」(Documentary)。

(3)擔保信用狀，在其可適用範圍內，與一般商業信用狀都可適用跟單信用狀統一慣例，但擔保信用狀適用 ISP 98 可能更佳。

 二、擔保信用狀與商業信用狀不同之處

1.功能不同

商業信用狀是受益人履約後提示符合信用狀條件的單據要求付款，而擔保信用狀一般則是開狀申請人違約不付款時，銀行憑受益人的匯票與聲明書付款。所以通常擔保信用狀是屬於違約付款型的信用狀，而商業信用狀則屬於履約付款型信用狀。

2.承擔責任不同

商業信用狀用於受益人履約時付款，而擔保信用狀利用於申請人違約

時賠款。表面上擔保信用狀的開狀銀行承擔著「請求即付」的主要債務責任 (Primary Obligation)，但實質上是備而不用的，所以稱其為 "Standby L/C"。

3.用途不同

商業信用狀一般用於貿易項下的付款，擔保信用狀除偶爾用於貿易外，多用於非貿易項下的擔保，包括賒銷、招標、借款、租賃、履約等。

4.二者要求付款的單據不同

擔保信用狀一般僅憑受益人或第三者所出具證明開狀申請人違約的文件、索賠通知書以及其他有關文件或單據來付款；而商業信用狀一般以符合信用狀要求的貨運單據 (Shipping Documents)──包括商業發票、保險單據及代表貨物所有權或證明已發送的單據（例如海運提單、航空提單、郵包收據）作為付款的依據。

5.適用 UCP 條文不同

商業信用狀適用 UCP 600 的全部條文；而擔保信用狀只適用 UCP 600 的部分條文，例如 Art. 14 (c) 及 Art. 32 等不適用。

6.開狀銀行承擔風險不同

商業信用狀是貨運單據作為擔保的基礎，而擔保信用狀則沒有貨運單據作為擔保。因此，前者開狀銀行承擔的風險較少，而後者承擔的風險較大。

7.申請人不同

商業信用狀通常須由進口商的申請，開狀銀行才能據以開發信用狀；而擔保信用狀則可不經申請人的請求而依開狀銀行自身需要主動開狀。

第五節 銀行保證函／擔保信用狀的種類

國際性（涉外）的銀行保證函／擔保信用狀，依其特性及用途可分為下列多種：

一、違約付款型的銀行保證函／擔保信用狀

這種銀行保證函／擔保信用狀僅在申請人不能履約時才由簽發銀行賠付受益人，如果已經履約就不會向簽發銀行索償了。

1.投標保證函 (Bid/Tender Bond Guarantee) ／投標擔保信用狀 (Bid/Tender Bond Standby L/C)

在國際上，對於一些比較大宗的物資採購和大型工程項目往往採公開招標。在招標時，一般都要求投標人提供銀行保證，以招標人為受益人，保證投標人的下列行為：

⑴不會中途撤回投標。

⑵得標後一定與招標人簽訂契約，並按招標人規定日期內提供履約保證函。

如投標人未履行上述責任和義務，在開標前撤回投標或得標後拒不簽約，招標人就有權憑保證函／擔保信用狀向簽發銀行求償以補償其面臨重新招標所造成財務及人力的損失。

綜上所述，投標保證函／投標擔保信用狀是國際招標中，投標人向招標人所提供由銀行出具的保證文件，該文件保證投標人不撤標、得標後一定簽約及提供履約保證函，否則招標人得向簽發銀行索賠，以彌補其損失。參閱本章末的附件 1。

2.履約保證函 (Performance Guarantee) ／履約擔保信用狀 (Performance Standby L/C)

履約保證函／履約擔保信用狀是銀行應賣方或承攬人的請求而向買方或定作人作出的一種履約保證承諾，銀行在保證函／擔保信用狀中保證申請人履行買賣或勞務契約，按契約規定交運貨物或完成所承攬的工程。如果申請人違約，則受益人可憑保證函／擔保信用狀向銀行求償。反之，也有買方或定作人向賣方或承攬人提供保證如期開發信用狀、付款等的履約保證。參閱附件 2。

3. 預付款保證函 (Advance Payment Guarantee) ／預付款擔保信用狀 (Advance Payment Standby L/C)

也稱還款保證函 (Repayment Guarantee) 或定金保證函 (Down Payment Guarantee) ／定金擔保信用狀 (Down Payment Standby L/C)。在商品交易（大型設備、物資）和承攬工程中，進口商或定作人須向出口商或承攬人支付一定金額的定金，作為採購生產原料的資金或招工之用。進口商或工程定作人為防範出口商或承攬人不履約而損失此筆預付款（定金），在支付定金前，會求出口商或工程承攬人提供保證函／擔保信用狀，保證其不履約時，進口商或定作人可自開證（狀）銀行索回預付的款項。這種保證函／擔保信用狀就稱為預付款保證函或預付款擔保信用狀。參閱附件 3。

4. 保留款保證函 (Retention Money Guarantee) ／保留款擔保信用狀 (Retention Standby L/C)

又叫留置金保證函／留置金擔保信用狀。在整廠設備進出口交易，契約中常常規定，契約金額的一定比率要在設備安裝完畢，運轉順利、經買方驗收後才支付，此部分未付款稱為保留款。如發現設備有瑕疵，規格不符契約規定，雙方可洽商減價，減價部分即可從這保留款中抵扣。倘賣方希望支付全額款項而不願買方扣留部分貨款，則可洽請銀行簽發保證函／擔保信用狀給買方，保證若設備有瑕疵，規格不符契約等情形則由銀行負責賠償，也即由銀行代賣方歸還該預支的保留款。這種保證函／擔保信用狀即稱為保留款保證函／保留款擔保信用狀。參閱附件 4。

5. 相對保證函 (Counter Guarantee) ／相對擔保信用狀 (Counter Standby L/C)

招標人因本國法律限制或為便於求償，或其他原因不願接受國外銀行直接開來的保證函／擔保信用狀。於是國外投標人請求其所在地往來銀行（指示銀行）簽發「相對保證函／相對擔保信用狀」予本地銀行（轉開銀行）作為擔保，再由其轉開以招標人為受益人的銀行保證函／擔保信用狀，承諾：如申請人（投標人）違約，銀行（即轉開銀行）應負付款義務。轉

開銀行則再憑「相對保證函／相對擔保信用狀」向國外指示銀行求償。參閱附件 5。

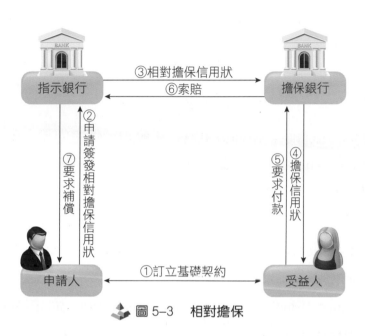

圖 5-3　相對擔保

6.關稅保證函 (Customs Guarantee) ／關稅擔保信用狀 (Customs Standby L/C)

是指銀行（保證人）應施工器具或參展機器廠商（申請人）的請求及指示，向進口國海關（受益人）所簽發的保證函／擔保信用狀。該保證函／擔保信用狀中開證（狀）銀行承諾：若申請人於工程完成後，或參展結束後，未將所進口的施工器具或參展機器復運出口時，海關可憑該保證函／擔保信用狀出具一定形式的聲明書，請求開證（狀）銀行支付應繳納的關稅。參閱附件 6。

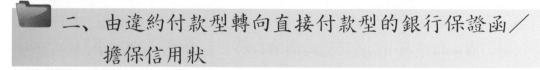

二、由違約付款型轉向直接付款型的銀行保證函／擔保信用狀

1.融資保證函 (Financial Guarantee) ／融資擔保信用狀 (Financial Standby L/C)

又稱借款信用狀函／借款擔保信用狀或財務保證函／財務擔保信用狀，是指國內廠商（母公司）於國外設廠（子公司）向當地銀行申請貸款時，國內銀行應國內廠商（申請人）的請求及指示，向國外貸款銀行（受益人）所簽發保證函／擔保信用狀。該保證函／擔保信用狀承諾：如借款人（子公司）到期不能履行還款時，國外貸款銀行得依保證函／擔保信用狀的規定向國內開證（狀）銀行求償。

以前的融資保證函／擔保信用狀是簽發銀行保證借款人到期還款，假如違約 (Default; Fail) 不還時，簽發銀行負責還款，是屬於違約付款型的保證函／擔保信用狀。但是現在的融資保證函／融資擔保信用狀已發展成「支持一項付款義務」。即保證到期日不論借款人是履約或違約，都由簽發銀行直接付款給貸款銀行，如附件 7 受益人動用信用狀的聲明書為："Your signed statement stating that the amount of drafts drawn represents and covers the unpaid balance of indebtedness and interests due to you arising out of your banking facility extended to _____(the borrower/obligor)"。

這是屬於直接付款型的保證函／擔保信用狀，而且每一份保證函／擔保信用狀都必須付款，而不涉及違約與否。參閱附件 7。

2. 直接付款保證函 (Direct Pay Guarantee)／直接付款擔保信用狀 (Direct Pay Standby L/C)

又稱為付款保證函 (Payment Guarantee)／付款擔保信用狀 (Payment Standby L/C)。直接付款擔保信用狀主要用於保證企業發行債務或訂立債務契約時的到期支付本息義務。尤其債務到期沒有任何違約時支付本金及利息的情形。另外也用於 O/A 或 D/P、D/A 等交易，銀行應進口商的請求及指示開發保證函／擔保信用狀予出口商，承諾出口商在交貨後一定時間內，若進口商未付款則出口商可逕向開證（狀）銀行索償，一經請求，開證（狀）銀行即須付款，而不論是否涉及違約。近年來直接付款型的擔保信用狀已突破擔保信用狀「備而不用」的傳統保證性質，而演變成付款方式之一。參閱附件 8。

3.商業保證函 (Commercial Guarantee) ／ 商業擔保信用狀 (Commercial Standby L/C)

是指簽發銀行循進口商（申請人）的請求或指示，向出口商（受益人）發出的一種保證函／擔保信用狀，該保證函／擔保信用狀承諾：進出口商在貨物或勞務的交易中約定以其他方式付款（例如 D/P、D/A、O/A 等），但進口商到期卻未付款時，出口商得提示匯票及聲明書向簽發銀行請求付款。

以前的商業擔保信用狀是在買方違約 (Default) 不付款時，開狀銀行保證付款。如附件 9–1 商業擔保信用狀中規定受益人要動用 (Drawing) 擔保信用狀時，須提示證明書 (Beneficiary Certificate) 聲明 ABC 公司（買方）違約不付款 (Failed to Pay...)，即 "Beneficiary certificate stating that ABC company has failed to pay..."，此證明書須提及 "has failed to pay..."，是屬於違約付款型的擔保信用狀。

但是現在的商業擔保信用狀（參閱附件 9–2）則要求受益人動支信用狀時須提出證明書 (Certificate)，聲明 (Stating) 賣方已履行交貨義務，但買方尚未付款。即：

"Your certificate stating that you have made shipment of the required goods and have sent the required documents to ＿＿＿＿＿(buyer name) and have not been paid within 30 days of the invoice date."

這種擔保信用狀不涉及是否違約，是屬於直接付款型的商業擔保信用狀，與一般商業信用狀相似，兩者相同如下：

(1)都是獨立於基礎契約的自足文件。

(2)開狀銀行承擔主要債務責任，即開狀銀行以自己的信用狀作出付款保證。

(3)憑符合信用狀條款的單據而付款。

(4)每筆信用狀均須付款。

不同之處，請見表 5–1 之說明。

表 5-1　商業擔保信用狀與一般商業（跟單）信用狀的比較

	商業擔保信用狀	一般商業（跟單）信用狀
貨運單據的遞交	賣方→買方	賣方→銀行→買方
單據內容	較簡單	較繁多
遭到拒付風險	較小	較大
提貨順序	申請人先提貨後付款	申請人先贖單後提貨
開狀銀行的風險	無法掌握貨運單據，付款責任很重	可以掌握貨運單據，授信風險較小
適用貿易慣例	UCP 600 或 ISP 98	UCP 600
進出口商詐欺情事	較多	較少

　　擔保信用狀自最初在美國使用後，很快成為國際貿易結算方式的補充用途。至近年來，已逐漸成為國際貿易的一種付款方式，在國際上被廣泛使用。

　　以上各種保證函／擔保信用狀是就其特性及功能加以分類。為因應市場的需求，銀行不斷地推出新花樣。現代的擔保信用狀已發展成為一種多樣性金融工具，其應用範圍已由違約付款型的信用狀演變成直接付款的信用狀；並且吸收了信用狀統一慣例的精神，進一步促成擔保信用狀多功能的靈活運作。

　　這些擔保信用狀所適用的國際慣例都有 "However Named"（不論其名稱為何）之類的規定，因此實際簽發時只要有 Standby L/C 或 Bank Guarantee 字樣，具有獨立性、單據化和請求即付的付款責任特質就可以了，至於是否冠有「功能名稱」並不重要。

第六節　銀行保證函／擔保信用狀適用的規則

　　銀行保證函／擔保信用狀的運作與一般商業信用狀交易相較，不但較複雜，風險也較大，糾紛不少。其中涉外（國際）保證函／擔保信用狀所涉及的層面更為廣泛。為求其遊戲規則的標準化及統一化，避免無謂的糾

紛，選擇準據法或國際規則或慣例很重要。本節介紹的公約、慣例或規則是影響較大，實務中使用較多的幾個，包括：

⑴ 1978 年以國際商會第 325 號出版的「契約保證統一規則」(URCG, ICC Publication No. 325)。

⑵ 2009 年修訂的「即付保證統一規則」(URDG, ICC Publication No. 758)。

⑶ 2007 年修訂的「信用狀統一規則」(UCP, ICC Publication No. 600)。

⑷ 1999 年以國際商會第 590 號出版的「國際擔保函慣例」(ISP 98, ICC Publication No. 590)。

⑸ 聯合國國際貿易法委員會 (UN Commission on International Trade Law) 於 1995 年所制定，並自 2000 年 1 月 1 日生效的「聯合國獨立保證函及擔保信用狀公約」(UN Convention on Independent Guarantee and Standby Letter of Credit)。

 一、銀行保證函／擔保信用狀適用的國際規則、慣例或公約

1. 契約保證統一規則 (Uniform Rules for Contract Guarantees, URCG)

國際商會為求國際間保證作業的統一化及標準化，仿照信用狀統一慣例或託收統一規則的作法，於 1978 年以第 325 號出版物頒布「契約保證統一規則」(URCG)。它是針對投標保證函、履約保證函以及還款保證函制定的規則。但此規則有一點大缺陷，即受益人索賠時，必須提示受益人聲明書、仲裁判斷書或法院判決書以及委託人的書面同意書等。這些要求對於受益人來說條件過嚴且缺乏彈性，因此採用者不多，現已為國際商會制定的 URDG 所取代。

2. 即付保證統一規則 (Uniform Rules for Demand Guarantees, URDG)

由於 URCG 沒有被廣泛地接受和使用，國際商會乃於 1992 年另制定了「即付保證統一規則」(Uniform Rules for Demand Guarantees, URDG, ICC Publication No. 458)，並於 2009 年 9 月修訂，稱為 URDG 758，自 2010 年 7 月起實施。本規則將 URCG 中一些不合理及對受益人和保證銀行不利的條文予以調整，並增加一些類似信用狀統一慣例的規定，並強調「即付保證函」(Demand Guarantee) 具有不可撤銷性、獨立性及單據化的特性，不依附於基礎契約，因而可避免保證銀行被捲入基礎契約的糾紛中；規定保證銀行承擔主要的 (Primary) 賠付責任，且僅憑保證函所規定的單據或索賠文件的表面狀況而定是否支付，而無論委託人是否同意。受益人的索賠也無須法院判決或仲裁判斷書，通常只憑匯票及說明委託人違約的聲明書即可索賠。由於其納入信用狀統一慣例的精神，自其頒布後，為許多國家和地區的銀行界、企業界及司法界所認可，而成為一個受歡迎的統一規則。

3. 聯合國獨立保證函及擔保信用狀公約 (UN Convention on Independent Guarantees and Standby Letter of Credit)

長期以來，各種不同的法律制度或規則、慣例之間對獨立保證函和擔保信用狀效力一直存在著不明確和缺乏統一的情形，甚至存在著諸多衝突，嚴重影響國際商務活動的發展。於是聯合國國際貿易法委員會成立了工作小組，成員來自英美等國家的英美法系及大陸法系的法德日等國，制定規範有關「獨立保證和擔保信用狀」的「統一法」(Uniform Law)。此與信用狀統一慣例等屬於商業慣例的「統一規則」(Uniform Rules) 層次是不同的。經過數年努力，終於完成「聯合國獨立保證函及擔保信用狀公約」草案，並於 1995 年 12 月 11 日經聯合國大會決議通過。本公約已於 2001 年 1 月 1 日正式生效。本公約為「獨立保證函」和「擔保信用狀」這兩種擔保方式確立了一套統一的法則，因而對日常擔保交易提供了更精準的法律確定性。

4. 信用狀統一慣例

擔保信用狀應否視為跟單信用狀的一種，抑或視為一項「保證」？各國一直有不同意見。但自 1983 年國際商會修訂 UCP 400 時，將「擔保信用狀」

一詞載入 UCP 400 Art. 1，明定「在其可適用範圍內，包括擔保信用狀」。從此「擔保信用狀」始有了正式的定位及名分。實際上，目前銀行開發的擔保信用狀大多數載明適用 UCP，甚至有些銀行保證函也載明適用 UCP。

　　然而，擔保信用狀究竟與一般商業信用狀不同，UCP 的一些規定不一定適用於擔保信用狀的交易，所以 UCP 600 Art. 1 特別規定「在可適用範圍內，包括擔保信用狀」，也就是說「不適用的」條文應予排除。例如：UCP 600 Art. 32 及 UCP 600 Art. 14 (c) 等是。

5.國際擔保函慣例 (International Standby Practices, ISP 98)

　　過去許多擔保信用狀按照原為商業信用狀而制定的 UCP 開立，但實務上發現 UCP 對擔保信用狀不能完全適用，也不適合。使用過程中諸多糾紛甚至訴訟阻礙了擔保信用狀在國際貿易中發揮應有的作用。各界覺得極需制定一套關於擔保信用狀的單獨規則，於是在國際商會與美國國際銀行法律與實務學會 (The Institute of International Banking Law and Practice, Inc.) 攜手合作下，制定了一套有關擔保信用狀的單獨規則，稱為「98 年版國際擔保函慣例」(International Standby Practices, ISP 98)，以國際商會第 590 號出版物 (ICC Publication No. 590) 出版，並自 1999 年 1 月 1 日生效。ISP 98 共包含規則 10 條 89 項，優點是其條文鉅細靡遺，缺點是文詞比較艱澀。正如 UCP 的對商業信用狀，ISP 98 將擔保信用狀及即付保證函（統稱為擔保函，Standby）的撰擬簡單化、標準化、合理化，有利涉外（國際）保證業務的發展。但許多細節之規定與 UCP 600 或 URDG 758 有別，在使用上應注意其間之異同點。

　　ISP 98 實施之後，簽發銀行保證函／擔保信用狀，適用慣例或規則比較，如圖 5-4。

```
       銀行的信用工具              可適用的慣例或規則

       銀行保證函                   ICC URDG 758

       商業信用狀                   ICC UCP 600

       擔保信用狀                   ICC ISP 98
```

說明：銀行保證函：可適用 URDG 758、UCP 600 或 ISP 98，三者擇一。
　　　擔保信用狀：可適用 URDG 758、UCP 600 或 ISP 98，三者擇一（但以後二者為佳）。
　　　商業信用狀：只可適用 UCP 600。

 圖 5–4　銀行保證函／擔保信用狀適用慣例或規則之比較

二、銀行保證函／擔保信用狀未載明準據法或適用國際規則時

　　銀行保證函或擔保信用狀內未載明其準據法或適用的國際規則時，一般推定應適用保證函／擔保信用狀簽發人所在國家的法律❸。例如我國國內銀行所簽發的保證函／擔保信用狀如未載明準據法或適用某一國際規則／慣例時，一般認為應適用我國法律。但國際保證函／擔保信用狀通常開到國外，以外國人為受益人。而外國人多不熟悉我國法律。因此我國銀行開發的保證函／擔保信用狀若未載明適用公認的國際規則或慣例不容易被接受。反之，如載明適用國外受益人國家法律，則對我國內申請人（委託人）、簽發銀行（保證人）或指示人都不利，本國人不會輕易接受。因此，銀行在簽發保證函／擔保信用狀時，應載明適用一般公認的國際規則或慣例。

 **第七節　Standby L/C 與 Standby 的區別**

　　ISP 98 第 1 條第 11 項 b 款規定「本慣例中，擔保信用狀 (Standby L/C)

---

❸　URDG 758 第 34 條規定：除另有規定外：

　　1. 保證函以簽發保證函的保證人營業所在地法律為準據法。

　　2. 相對保證函則以簽發相對保證函的保證人營業所在地法律為準據法。

是指本慣例試圖加以適用的獨立承諾,而擔保函 (Standby) 是指受本慣例規範的一種承諾」。據此, 凡本慣例所指的 Standby L/C 是指本慣例擬對其適用的獨立承諾, 或者,可直接理解為人們知道其為 Standby L/C 的那一類信用狀 (A standby letter of credit is the type of credit which is understood to be a letter of credit—From *The Official Commentary on the ISP*, p.2 by Professor James E. Byrne), 而只有 Standby 才是依本慣例開發並受本慣例約束的承諾。因此, ISP 98 並沒有將 Standby 用作 Standby Letter of Credit 的簡稱的意思。

目前一張 Standby L/C 可自由選擇適用 ISP 98 或適用 UCP 或適用 URDG。所以為了便於使用, ISP 98 特意對 Standby L/C 和 Standby 加以區分。由於獨立承諾在適用標準上可能有多樣選擇, 所以作為 ISP 98 適用對象的 Standby L/C, 將有一部分聲明適用依照 ISP 98 簽發, 另有一部分仍將依據 UCP 運作, 還有一部分則以「即付保證函」形式適用 URDG 的情形。這對銀行人員來說, 將不得不同時面臨三種類型的 Standby L/C 的挑戰。至於非銀行開發的 Standby L/C, 就不會存在上述問題。

一份 Standby L/C 可同時載明依據 ISP 98 和 UCP 600 簽發, 此時 ISP 98 優先於 UCP 600, 即只有在 ISP 98 未涉及或另有明確規定的情形下才依據 UCP 600 原則解釋和處理有關條款 (ISP 98 Art 1.02.b)。

在實務中, 遇到一份 Standby L/C 中載明適用 UCP 600, 而 UCP 600 的條款不能適用時, 則可考慮適用 ISP 98 的相關條款。

第八節　擔保信用狀的詐欺與防範

一、擔保信用狀的詐欺

由於擔保信用狀（或銀行保證函）具有獨立性, 受益人「一經請求即需付款」, 開狀銀行只認單不認事實, 且受益人所需提示的單據通常都很簡

單，即使受益人的索賠是「無理的索賠」(Unjustifiable Claim)，只要所提示單據與擔保信用狀條款相符，開狀銀行就必須向受益人付款，幾乎無任何拒付的機會。在國際貿易中，騙徒利用擔保信用狀從事詐騙活動情事，時有所聞。

1.利用擔保信用狀詐騙出口商的情形

即不肖商人（騙徒）冒充正派商人名義，以向出口商提供出口貨款保證為名，在所提供的擔保信用狀中加列一些對出口商很不利的或者牽制出口商的「陷阱條款」或「軟條款」(Soft Clause)，企圖騙取出口貨物。例如：不肖分子（冒充進口商）要求以 O/A 方式交易，並願透過銀行開發擔保信用狀，以保證支付貨款。但所簽發擔保信用狀含有不利於受益人（出口商）或不合理的「陷阱條款」或軟條款，受益人未察覺到。例如：須提示「聲明書聲明申請人未於××年 8 月 30 日以前付款」，但信用狀有效期限卻是××年 6 月 30 日，俟受益人將貨物裝運出口後，申請人（進口商）卻不履行付款義務。於是於××年 8 月 31 日提示聲明書求償。然而該日期已超過信用狀有效期（即 6 月 30 日）致遭拒付。此即進口商（騙徒）利用有問題的擔保信用狀詐取出口貨物。

2.利用擔保信用狀詐騙進口商的情形

(1)進出口商約定以 O/A 方式交易，但進口商須提供銀行付款擔保信用狀 (Payment Standby L/C)。出口商收到付款擔保信用狀後即快速裝運貨物出口，並將貨運單據逕寄進口商。進口商收到貨運單據後即提領貨物並依約將貨款匯付出口商。但過了一段時間後出口商卻憑付款擔保信用狀出具聲明書提兌信用狀款項。此即進口商已匯付貨款，不肖出口商卻憑擔保信用狀詐兌信用狀款項。

(2)不肖分子（冒充出口商）要求進口商預付貨款，並願透過銀行開發還款擔保信用狀 (Repayment Standby L/C)。該不肖分子收到預付貨款後，卻違約不交貨。當受益人（進口商）擬憑還款擔保信用狀求償時，卻發覺需提示申請人（出口商）的同意書，因無法提示申請

人的同意書致無法收回預付的貨款。此即不肖出口商預收貨款但不交貨，進口商擬憑還款擔保信用狀索回貨款，卻落空的情形。

 二、擔保信用狀詐欺的防範

防範擔保信用狀詐欺的方法有：

(1)申請開發擔保信用狀之前，申請人應考慮：交易對手的信用是否可靠？經營作風如何？是否正派經營？風評如何？如答案屬否定的，就不宜申請開發擔保信用狀。

(2)必須考慮擔保信用狀交易的風險，將此風險計入交易成本之內。

(3)就受益人而言，收到擔保信用狀時，應嚴格審查有關條款，是否正常？合理？有無不利於受益人的條款？（例如含有軟條款或陷阱條款，請參閱本書第四章第五節）所收到的擔保信用狀是否真實的？有效的？簽發人簽署是否經通知銀行驗印？密押有無問題？

(4)就申請人而言，可將對其有利的條款列入擔保信用狀中，例如要索賠時須有佐證文件，如仲裁機關的判斷書等，作為「有條件的賠付」，以防範受益人無理求償。

(5)設法將擔保信用狀從屬於基礎契約。但為避免銀行捲入糾紛，開狀銀行最好規定憑法院判決或仲裁判斷決定是否有付款責任。

(6)以數份小額擔保信用狀替代一份大額的擔保信用狀以減少全額索賠的可能性。

(7)在擔保信用狀中規定受益人正式提出索賠前，透過開狀銀行通知申請人／開狀銀行，以便其有充分時間與受益人協商解決辦法或使申請人有時間向法院申請禁止付款令。

(8)避免開發「轉讓」(Transferable) 或「自由讓購」(Freely Negotiable) 的擔保信用狀以防不肖之徒濫用。

(9)擔保信用狀的使用地點宜規定：available for payment at our counter；有效期限的到期地點宜規定：to expire on ... (date) at our counter，以

減少詐騙的可能性。

(10)信用狀本文內宜加註逾期即自動失效的文字："As soon as expires, this standby L/C will automatically become void and null, regardless whether or not the original instrument is returned to us for cancellation"，或類似文字，以防範不肖之徒惡用失效的信用狀。

(11)詐騙歹徒常利用擔保信用狀「保證付款」的特質，持偽造或逾期的擔保信用狀向銀行（或公司）借款融資，不可不慎。

(12)擔保信用狀中規定：受益人兌款時所出具的證明或聲明申請人違約的證明或聲明書 (Beneficiary Certificate or Statement) 應由受益人公司的總經理或執行長 (CEO) 出具。如其證明或聲明書所證實或聲明的事實是假的，則申請人可向法院控告其詐騙，發出禁止付款令。

附件 1

投標擔保信用狀 (Bid/Tender Bond Standby L/C)

TO: Scotiabank

    New York, USA (advising Bank)

From: Swedbank

    Stockholm, Sweden

Applicant: _____

Beneficiary: _____

Amount: _____

Tested key code: _____

We hereby issue our irrevocable Standby L/C No. _____ for US$_____ (Say US Dollars _____ Only) in favor of _____ (beneficiary) _____ by order of _____ (full name and address of the Applicant) as bid bond required under beneficiary's invitation No. _____ dated _____

This Standby L/C is available by negotiation against beneficiary's Sight Draft(s) drawn on Swedbank, Brunkebergstorg 8, S−105 34 Stockholm, Sweden accompanied by the following document:

Signed Beneficiary's Statement certifying that _____ (applicant) has failed to fulfil the contractual obligations under beneficiary's invitation No. _____ dated _____

This L/C will expire on _____ at the counter of advising bank.

Partial drawings are not allowed.

All banking charges outside _____ are for account of the beneficiary.

We engage with the drawers, endorsers and bona fide holders of draft(s) drawn and negotiated under and in compliance with this L/C terms will be duly honored if presented with the Statement on or before the expiry date.

This Standby L/C is subject to UCP (2007 Revision), ICC Publication No. 600. This is operative credit instrument and no mail confirmation will follow.

Regards,
Swedbank
Stockholm, Sweden

*

12826 SWEDBNK S

附件 2

履約擔保信用狀 (Performance Standby L/C)

DATE:	March 08, 20–
TO:	The International Commercial Bank of China
	Taipei Taiwan
FROM:	Barclays Bank PLC
	New York, USA
AMOUNT:	USD100,000.00

Tested key code: _____

Applicant: XYZ Industrial Corp. 30 Wall Street New York N.Y. 10005 USA

Beneficiary: ABC Corporation, No. 100 Wu Chang Street, Section 1, Taipei, Taiwan

We hereby issue our irrevocable Standby L/C number LC–456 in favor of ABC Corporation, No. 100, Wu Chang Street, Section 1, Taipei Taiwan for US$100,000.00 (US Dollars One Hundred Thousand only), as performance bond under the contract number 01–123 executed by and between Applicant and Beneficiary.

This L/C is available by negotiation against beneficiary's drafts at sight drawn on Barclays Bank PLC, 222 Broadway, New York, N.Y. 10038 USA accompanied by the following document.

Signed Beneficiary's Statement certifying that XYZ Industrial Corp. has failed to fulfill the contractual obligations under the contract number 01–123 executed by and between Applicant and Beneficiary.

Partial drawings are not allowed.

This L/C will expire on Dec. 08, 20– at the counter of advising bank in Taiwan.

All Banking Charges including reimbursement fee are for account of beneficiary.

We engage with drawers, bona fide holders of draft(s) drawn and negotiated under and in conformity with the terms of this L/C will be duly honored by us if presented with the Statement on/before the expiry date. This Standby L/C is subject to UCP (2007 Revision), ICC Publication No. 600. This is operative credit instrument and no mail confirmation will follow.

Regards,

Barclays Bank PLC

L/C Div. Helka

*

62367 BBI

附件 3

預付款擔保信用狀 (Advance payment Standby L/C)

（國內廠商要求預收部分定金，國外廠商要求收到擔保信用狀後才肯匯款。以 SWIFT MT799 簽發）

Sender: ○○○ Commercial Bank
Taipei, Taiwan
Receiver: Swiss Bank Corporation
New York, USA
————————————————Message Text——————————————————
20: Transaction Reference Number
_____ (L/C number)
21: Related Reference Number
STANDBY L/C
79: Narrative

Applicant: _____
Beneficiary: _____
At the request of Applicant (_____), we hereby issue our irrevocable Standby L/C number _____ for US$150,000.00 (Say US Dollars One Hundred and Fifty Thousand Only) in favor of beneficiary (_____) as repayment guarantee under the contract No. 678 signed between the applicant and the beneficiary.
This Standby L/C is available by payment against beneficiary's drafts at sight drawn on us accompanied by the following document.
Signed Beneficiary's Statement exactly certifying that applicant (_____) has failed to fulfill the contractual obligations under the underlying contract No. 678.
Partial drawings and multiple presentations allowed.
This L/C will become enforceable only upon receipt of the advance payment for USD150,000 by us to the credit of applicant's account No. _____ with us. We will advise you in this respect.
This credit shall expire on _____ at our counter.
All banking charges including reimbursement fee outside Taiwan are for account of beneficiary.
We engage with beneficiary that draft(s) drawn under and in compliance with this L/C terms will be duly honored if presented with the Statement on or before the expiry date.
This Standby L/C is subject to ISP 98 ICC Publication No. 590, 1998.

附件 4

保留款保證函 (Retention Money Guarantee)
SWIFT OUTPUT: FIN 760 GUARANTEE

Sender:　　　Credit du Nord

　　　　　　59 Boulevard Haussmann,

　　　　　　75008 Paris, FRANCE

Receiver:　　○○○ Commercial Bank

　　　　　　Taipei, Taiwan

--Message Text--

27:　　Sequence of Total

　　　1/1

20:　　Transaction Reference Number

　　　CDNRMG–7070616

23:　　Further Identification

　　　ISSUE

30:　　Date

　　　_____ (YYMMDD)

40C:　Applicable Rules

　　　URDG

77C:　Details of Guarantee

Beneficiary: _____ (name and address)

Retention Money Guarantee No. _____

We have been informed that _____ (hereinafter called the Principal), has entered into contract No. _____ dated _____ with you, for the supply of _____ (description of goods and/or services).

Furthermore, we understand that, according to the conditions of the contract, retention money in the sum of _____ covering the principal's warranty obligation will be released against a retention money guarantee.

At the request of the Principal, we _____ (name of bank) hereby irrevocably undertake to pay you any sum or sums not exceeding in total an amount of _____ (say: _____) upon receipt by us of your **first demand** in writing and your written statement stating:

(i) that the Principal is in breach of his obligation(s) under the underlying contract; and

(ii) the respect in which the Principal is in breach.

It is a condition for any claim and payment to be made under this guarantee that the retention money payment referred to above must have been received by the Principal on his account number _____ at _____ (name and address of bank).

This guarantee shall expire on _____ at the latest.

Consequently, any demand for payment under it must be received by us at this office on or before that date. This guarantee is subject to the Uniform Rules for Demand Guarantees, ICC Publication No. 458.

附件 5

相對擔保信用狀 (Counter Standby L/C)

RECEIVED: 22 OCT 20– 15:26	MOR: BKTWTWTP
RECEIVED FROM:	MSG TYPE: 760

DKBLJPJT

DAI-ICHI KANGYO BANK, LTD.

:27: Sequence of total

1/1

:20: Transaction reference number

88–1234–0016335

:23: Further identification

REQUEST

:77C: Details of guarantee

ATTN: L/C DEPT.

YOU ARE KINDLY REQUESTED TO ISSUE YOUR OWN STANDBY LETTER OF CREDIT (PERFORMANCE BOND) UNDER OUR COUNTER LETTER OF CREDIT NO. 88–1234–0016335 AMOUNT FOR US$3,322.50 FAVORING K. C. CORPORATION, KEELUNG FOR ACCOUNT OF JAPAN A. CO., LTD. AS FOLLOWS:

QUOTE

TO: K. C. CORPORATION

NO. 22, HO–1 ROAD, TAIWAN, R.O.C.

DEAR SIRS,

WE HEREBY ISSUE THIS LETTER OF CREDIT AS FOLLOWS:

STANDBY LETTER OF CREDIT NO. (YOUR NO.)

(PERFORMANCE BOND)

1. BENEFICIARY: K. C. CORPORATION

NO. 22, HO–1 ROAD, TAIWAN, R.O.C.

2. AMOUNT: US$3,322.50 (SAY US DOLLARS THREE THOUSAND THREE HUNDRED TWENTY TWO CENTS FIFTY ONLY)

3. IN THE NAME OF JAPAN A CO., LTD.

4. REASON: 5 (FIVE) PERCENT PERFORMANCE BOND FOR CONTRACT NO. N1729–C33P COVERING SPEED LOG FOR KCC YNO. 129/130.

5. THIS LETTER OF CREDIT SHALL BE AVAILABLE FOR PAYMENT AGAINST THE BENEFICIARY'S RECEIPT OR SIGHT DRAFT DRAWN ON US ACCOMPAINED BY YOUR SIGNED STATEMENT CERTIFYING THAT THE ACCOUNTEE HAVE FAILED TO COMPLY WITH THE TERMS AND CONDITIONS OF THE CONTRACT EXCEPT THE FAILURE DUE TO FORCE MAJEURE.

6. THIS LETTER OF CREDIT SHALL EXPIRE ON JUNE 30, 20– OR UPON ACCOUNTEE'S COMPLETION OF THE CONTRACT WHICHEVER COMES EARLIER.

7. ALL CLAIMS UNDER THIS LETTER OF CREDIT SHALL BE SUBMITTED TO US NOT LATER THAN SAID EXPIRY DATE AFTER WHICH DATE THIS LETTER OF CREDIT BECOMES NULL AND VOID AUTOMATICALLY AND SHALL BE RETURNED TO US BY THE REGISTERED AIRMAIL.

THIS LETTER OF CREDIT IS SUBJECT TO THE UNIFORM CUSTOMS AND PRACTICE FOR DOCUMENTARY CREDITS (2007 REVISION, ICC PUBLICATION NO. 600).

YOURS FAITHFULLY

UNQUOTE

WE, THE DAI-ICHI KANGYO BANK, LTD., HEAD OFFICE GUARANTEE UNDER THIS COUNTER LETTER OF CREDIT TO PAY YOU ON DEMAND UP TO THE AMOUNT OF US$3,322.50 (SAY US DOLLARS THREE THOUSAND THREE HUNDRED TWENTY TWO CENTS FIFTY ONLY) AGAINST ANY LOSS OR DAMAGE AND ALSO GUARANTEE TO PAY YOU ALL CHARGES. COMMISSIONS AND INTEREST, IF ANY, INCURRED ON YOU FROM YOUR ISSUANCE OF THE LETTER OF CREDIT UNDER THE ABOVE REQUEST.

OUR COUNTER LETTER OF CREDIT SHALL REMAIN VALID FOR 30 DAYS AFTER THE EXPIRATION OF YOUR LETTER OF CREDIT. AFTER THAT OUR COUNTER LETTER OF CREDIT BECOMES NULL AND VOID AUTOMATICALLY.

THIS COUNTER LETTER OF CREDIT IS SUBJECT TO THE UNIFORM CUSTOMS AND PRACTICE FOR DOCUMENTARY CREDITS (2007 REVISION, ICC PUBLICATION NO. 600).

SPECIAL INSTRUCTIONS TO YOURSELVES:

AAA) THIS IS THE ORIGINAL OF OUR COUNTER LETTER OF CREDIT.

THEREFORE MAIL CONFIRMATION WILL NOT FOLLOW.

BBB) PLEASE FURNISH US WITH TWO COPIES OF YOUR LETTER OF CREDIT.

CCC) PLEASE ADVISE US WHEN THIS LETTER OF CREDIT IS RELEASED.

DDD) PLEASE ADVISE AND DELIVER YOUR LETTER OF CREDIT TO THE BENEFICIARY URGENTLY.

REGARDS BANKDAIKAN TOKYO B.O.D. HEAD OFFICE BOND SEC.

BANKDAIKAN TOKYO

附件 6

關稅保證函 (Customs Guarantee)

To: _____ (Beneficiary)　　　　　　　　　　　Date: _____

Irrevocable Letter of Guarantee

Dear Sirs,

At the request of _____ (name of applicant) (hereinafter called the principal), we hereby issue this L/G on our full responsibility in favor of _____ Customs to the extent of _____ (Say _____ only) to ensure that the exhibition delegation of the Principal will pay customs duties for the items sold at _____ Export Commodities Exhibition in _____ according to the customs regulations of _____ .

This L/G shall be valid as from its issuance until _____ . The guarantee amount under this L/G shall be automatically reduced according to the payment of customs duties effected by the delegation of the Principal to _____ Customs.

We hereby undertake to pay you, if the exhibition delegation of the Principal fails to pay the necessary customs duties for the items sold, the sum or sums not exceeding the above mentioned guaranteed amount or any balance under this L/G upon our receipt of your written demand together with a photo copy of the customs invoice lodgeod by _____ Customs within the validity of this L/G, claims, if any, must reach us before or on the validity date.

This L/G is subject to the uniform Rules for Demand Guarantees, ICC Publication No. 758.

For ××× Bank

附件 7

融資擔保信用狀 (Financial Standby L/C)

以 SWIFT MT799 簽發

Sender:　　　　　　Bank of Austria

　　　　　　　　　New York, USA

Receiver:　　　　　Banque Nationale De Paris S.A.

　　　　　　　　　Paris, France (beneficiary)

------------------------------Message Text------------------------------

20:　　Transaction Reference Number

　　　_____ (L/C number)

21:　　Related Reference Number

　　　STANDBY L/C

79:　　Narrative

We hereby issue our irrevocable Standby Letter of Credit No. _____ for USD _____ (Say US Dollars _____ Only) in your favor by order of _____ (full name and address of the Applicant) for undertaking your banking facility to be extended to _____ (full name and address of the Borrower/obligor).

This Standby L/C is available by your sight Drafts drawn on US accompanied by the following document:

Your signed statement stating that the amount of Drafts drawn represents and covers the unpaid balance of indebtedness and interests due to you arising out of your banking facility extended to _____ (the borrower/obligor).

This Standby L/C shall expire on _____ at our counter.

Partial drawings and multiple presentations allowed.

All banking charges outside _____ are for account of the beneficiary.

We hereby engage with beneficiary that all terms and conditions in compliance with this L/C will be duly honored by us within the expiry date. This Standby L/C is subject to ISP 98 ICC Publication No. 590, 1998.

附件 8

直接付款擔保信用狀 (Direct Pay Standby L/C)

To: General Bank

　　Los Angeles, U.S.A. (Advising Bank)

From: Deutsche Bank Aktiengesellschaft

　　　Frankfurt, Germany

Applicant: _____

Beneficiary: _____

Amount: _____

Tested key code: _____

We hereby issue our irrevocable Standby Letter of Credit No. _____ for US$ _____ (Say US Dollars _____ Only) in favor of _____ (beneficiary) by order of _____ (full name and address of the Applicant) for undertaking to pay the sum of beneficiary's (D/A, Open account) documents related to the merchandise delivered to the applicant under the contract No. _____ dated _____ .

This Standby is available by negotiation against beneficiary's Sight Draft(s) drawn on Deutsche Bank Aktiengesellschaft, Taunusanlage 12 D–60262, Frankfurt, Germany accompanied by the following document:

1. Signed Beneficiary's Statement certifying that _____ (applicant) has failed to pay the sum of beneficiary's (D/A, O/A) documents related to the merchandise delivered to the applicant under the contract No. _____ dated _____ .

2. A copy of commercial invoice required

3. A copy of non-negotiable transport document required

This L/C will expire on _____ at our counter.

Multiple drawings are not allowed.

All banking charges outside _____ are for account of the beneficiary.

We agree with drawer, endorsers and bona fide holders of draft(s) drawn and negotiated under and in compliance with this L/C terms will be duly honored if presented with the Statement on or before the expiry date.

This Standby is subject to ISP 98, ICC Publication No. 590, 1998. This is operative instrument and no mail confirmation will follow.

Regards,

Deutsche Bank AG

Frankfurt, Germany

*

417300 FM D

附件 9-1

商業擔保信用狀 (Commercial Standby L/C) ——以前的商業擔保信用狀

TO: ADVISING BANK, FRANKFURT

FROM: ISSUING BANK, TAIPEI

AT THE REQUEST AND FOR ACCOUNT OF ABC COMPANY (FULL ADDRESS), WE HEREBY ISSUE OUR IRREVOCABLE STANDBY LETTER OF CREDIT NO. A004 UP TO AGGREGATE AMOUNT OF US$100,000.00 (SAY US DOLLARS ONE HUNDRED THOUSAND ONLY) IN FAVOR OF XYZ COMPANY (FULL ADDRESS) TO GUARANTEE THE DUE PERFORMANCE OF PAYMENT OBLIGATION EFFECTED BY ABC COMPANY PURSUANT TO THE PROFORMA INVOICE NO. 001 DATED SEPTEMBER 30, 20– PAYABLE AT 90 DAYS FROM THE SHIPMENT DATE ON BILL OF LADING BY OPEN ACCOUNT (O/A).

THIS STANDBY L/C IS AVAILABLE BY PAYMENT AT SIGHT AGAINST PRESENTATION OF THE FOLLOWING DOCUMENTS AT THE ISSUING BANK'S COUNTER (FULL ADDRESS) ON OR BEFORE APRIL 30, 20–:

1. BENEFICIARY CERTIFICATE STATING THAT ABC COMPANY HAS FAILED TO PAY ON AN INVOICE IN THE AMOUNT OF US$_____ WITHIN THE DUE DATE.

2. ONE COPY OF COMMERCIAL INVOICE.

3. ONE COPY OF PACKING LIST.

4. ONE COPY OF CLEAN ON BOARD BILL OF LADING MADE OUT TO ORDER OF XYZ COMPANY.

UPON RECEIPT OF DOCUMENTS COMPLYING WITH ALL TERMS AND CONDITION OF THIS L/C, WE WILL REMIT THE PROCEEDS IN ACCORDANCE WITH THE REMITTING BANK'S INSTRUCTION.

THIS STANDBY CREDIT IS SUBJECT TO UCP (2007 REVISION), ICC PUBLICATION NO. 600.

THIS IS THE OPERATIVE CREDIT INSTRUMENT AND NO MAIL CONFIRMATION WILL FOLLOW.

附件 9-2

商業擔保信用狀 (Commercial Standby L/C) ──現代的商業擔保信用狀

ISSUING BANK PLC, LONDON

To: International Sellers Ltd.

    3rd Floor, Two Exchange Square,

    Connaught Place, Hong Kong

    10 March, 20–

Dear Sirs,

We hereby issue our irrevocable standby letter of credit No. _____ by order of _____（買方名稱）, 100 High Street, London EC4, for an amount of GBP100,000.00 (one hundred thousand pounds) which expires at our counters on 30 December, 20–.

This credit is available by payment against presentation to us of the following documents:

    (i) Your sight draft drawn on Issuing Bank PLC for the amount of your drawing.

    (ii) Your certificate stating that you have made shipment of the required goods and have sent the required documents to _____（買方名稱）and have not been paid within 30 days of the invoice date.

    (iii) one copy of invoice

    (iv) one copy of transport document

Partial drawings are allowed.

All charges under this standby letter of credit are for account of the beneficiary.

Except where otherwise expressly stated, this standby letter of credit is subject to the Uniform Customs and Practice for Documentary Credits (2007 Revision) ICC Publication No. 600. Please quote our reference number on any correspondence.

                           Yours faithfully,

                           ISSUING BANK PLC.

NOTE

....
....
....
....
....
....
....
....
....
....
....
....
....
....
....
....

第六章

各種付款方式的談判策略

 **以預付貨款方式為條件的談判策略**

1.出口商的策略

(1)暗示可以較優惠價格供貨。

(2)表示願意優先（或提前）供貨。

例如 2009 年 9 月新流感 (H1N1) 來襲，各國緊急採購疫苗，供不應求，即使價格上漲，也無法適時供貨。在此情形下，若要求預付貨款，買方也可能會接受。

(3)可以考慮大量供貨：在供不應求時。

(4)告知買方其他進口商都以預付貨款方式交易。

(5)願意一部分預付貨款，一部分以付款交單 (D/P) 方式交易。

(6)可以提供銀行還款保證函 (Repayment Guarantee)。

(7)可以提供更滿意的服務。

2.進口商的策略

(1)要求以較優惠價格（折扣）供貨。

(2)要求優先（或提前）供貨：緊急採購時。

(3)要求接受大量訂單：在供不應求時。

(4)告知賣方別的出口商多表示願意按承兌交單 (D/A) 或記帳 (O/A) 條件交易。

(5)要求提供銀行還款保證函或擔保信用狀。

(6)要求受任為獨家經銷商或代理商。

(7)願意一部分預付貨款，一部分以承兌交單 (D/A) 或記帳 (O/A) 條件交易。

(8)小額訂單，為簡化手續，節省經費，可以銀行支票支付。

 以記帳方式為條件的談判策略

1.出口商的策略

(1)考慮提高售價：將賒帳利息成本，轉嫁風險成本及融資成本計入售價中。

(2)縮短賒帳期間：夜長夢多，放帳不宜太久。

(3)限縮信用額度及每次交運限額。

(4)要求一部分以記帳交易，一部分以付款交單或信用狀方式交易。

(5)要求進口商提供銀行付款擔保信用狀 (Payment Standby L/C) 或其他擔保。

2.進口商的策略

(1)提醒對方，現在是買方市場，其他出口商都同意以記帳方式交易。

(2)競爭激烈，為節省交易成本、簡化交易過程，應以記帳方式交易。

(3)本地區交易習慣，向以記帳為條件。

(4)願提供銀行付款擔保信用狀。

(5)請授予較大信用額度及每次交運限額，以利擴張貿易。

 以寄售方式為條件的談判策略

1.寄售商的策略

(1)願支付優厚的代銷佣金。

(2)如代銷業績突出，可考慮委任其為獨家代理或經銷商。

(3)代墊寄售貨物出售以前發生的費用。

(4)允許寄售商先行押匯，以減輕寄售商的資金壓力。

(5)要求提供履約保證的擔保信用狀。

(6)與承銷商訂立「保信契約」(Del Credere Agreement) 責由承銷商保證

買方的償付能力。

2. 承銷商的策略

(1)承銷商是以服務換取報酬或佣金，因此可要求較優厚的佣金取得寄售合約。

(2)代銷業績顯著時，盼寄售商委任其為獨家代理或經銷商。

(3)寄售貨物出售後，相關費用再結算。

 **第四節　以分期付款方式為條件的談判策略**

1. 出口商的策略

(1)請提供擔保信用狀保證付款義務。

(2)擬訂購的機械製造至少需 2 年，且需要一大筆錢，在生產過程中，又要先付主要設備的生產費用，還要向分包商支付大筆生產配件和零件等的款項，所以預付定金 (Down Payment) 要多一點。

(3)交易金額大，應謹慎考慮有關交易條件，例如售價、分期付款年限、寬限期利率等。

(4)要求開發遠期信用狀，以便辦理 Forfaiting 融資（遠期信用狀賣斷）。

2. 進口商的策略

(1)為了今後的業務發展，請採用分期付款方式。

(2)交易習慣：鉅額的資本財交易，國際習慣上多採分期付款方式。

(3)願意付出較好的價錢。

(4)公司財務狀況正常，只是需要長期資金周轉，所以要分期付款。

(5)這些特殊項目的交易，採用分期付款方式，已經國外供應商接受且經常採用。

第五節 以託收方式為條件的談判策略

1.出口商的策略

⑴對方要求以記帳方式交易時,建議如以付款交單 (D/P) 方式交易,願以較優惠價格供應。

⑵通常以信用狀方式交易,此次破例接受以即期付款交單 (Sight D/P) 交易。

⑶對經常性訂單,堅持採用付款交單方式交易,這是本公司的政策。

⑷可接受託收方式交易,但須提供銀行付款擔保信用狀。

⑸提議一部分預付貨款,一部分採託收方式。

⑹若要空運,請其往來銀行同意以其為提單上的收貨人。

2.進口商的策略

⑴本公司政策為:只願按記帳或託收方式交易。

⑵其他出口商都接受託收方式交易。

⑶訂貨量大,開立信用狀費用昂貴,請靈活一點,變通一下,以付款交單方式交易。

⑷未來一年的訂購量超過一定金額時,請考慮授權本公司為本地區的代理商或經銷商。

第六節 以信用狀方式為條件的談判策略

1.出口商的策略

⑴公司政策:出口一向用信用狀交易,進口也用信用狀交易。

⑵信用狀交易,對進出口商都有銀行擔保,對你我都有利,也較公平。

⑶如以即期信用狀付款,可酌予較優惠價格。

⑷如以信用狀付款可優先供貨。

(5)如以信用狀交易，績效好，則可以考慮予以獨家經銷權。

(6)這樣龐大的訂貨，超過我們財務能力，所以必須開出信用狀以便向銀行融通資金。

(7)市場情勢不穩定，為保障交易安全，堅持以信用狀方式交易。

(8)對經常性訂貨，堅持採用即期信用狀。

2.進口商的策略

(1)開信用狀成本昂貴，對小型公司資金周轉影響大，希望降價，否則採用付款交單或承兌交單。

(2)公司政策：對進口一向採承兌交單或記帳，但本案出口商如在價格上予以優惠或折扣，則可考慮以信用狀付款。

(3)如以信用狀交易，一年內訂購量達到一定金額時，請委任本進口商為獨家經銷商。

第七節　各種付款方式的結合運用策略

在國際貿易中，每筆交易通常只選擇一種付款方式。但根據不同國家和地區、不同客戶、不同的市場情況和不同貨源國的情況，為了把商品打入國際市場，擴大貿易，在同一筆交易中，除了匯付、託收及信用狀三種基本付款方式外，還可採用 Standby L/C、Bank Guarantee 以及採用兩種或兩種以上方式結合起來使用。這種作法往往可獲得意外的效果。

目前，常見的有以下數種：

 一、信用狀與匯付相結合

即雙方約定部分貨款用信用狀支付，餘數用匯付方式結算。例如對礦產等初級產品的交易，雙方約定：「信用狀規定憑貨運單據先付發票金額的85%，餘數俟貨到目的港後根據檢驗結果，按實到重量計算確定餘數金額，以匯付方式支付。」又如，對於特定商品或特定交易，需進口商預付定金時，

也有規定預付定金部分以匯付方式支付，其餘貨款則以信用狀方式結算。

1.部分貨款後付時

> Payable by L/C for 85% of invoice value against shipping documents of 100% invoice value while the remaining balance will be paid by remittance based on the arrived weight calculated by public inspection company.

2.部分貨款預付時

> 20% of the total contract value as advance payment shall be remitted by buyer to the seller through T/T within one month after signing this contract.
>
> Remaining 80% of the contract value shall be paid by L/C for 80% invoice value against shipping documents of 100% invoice value.

 ## 二、跟單信用狀與跟單託收相結合

這種結合運用是一筆交易的貨款，部分憑信用狀支付，其餘部分則以跟單託收方式結算。即由進口商開發買賣總金額若干成的信用狀，其餘以付款交單 (D/P) 方式由出口商另簽發匯票透過銀行向進口商收取。在實務運作上，通常是在信用狀中規定受益人（出口商）簽發兩套匯票，屬於信用狀部分貨款憑光票付款，而全套貨運單據則附在託收部分匯票項下，憑即期或遠期付款託收。

採用信用狀與託收相結合的付款方式，其優點有：對進口商來說，可減少開狀金額、少繳開狀保證金、少墊資金，有利於資金周轉，而且可節省銀行費用。對出口商來說，因有部分信用狀的保證，且信用狀規定貨運單據跟隨託收匯票，開狀銀行須俟全部貨款付清後才可將貨運單據交付進口商，所以收款有保障。為了防止開狀銀行在未收妥全部貨款前即把貨運單據交給進口商，可要求在信用狀中訂明「在發票金額付清後才可交單」 (All the documents are not to be delivered to buyer until full payment of the invoice value) 的條款以策安全。在買賣契約中可約定類如下述內容的付款條件：

> · Payment terms:
>
> Payment by Irrevocable Letter of Credit to reach the sellers _____ days before the month of shipment stipulating that _____ % of the invoice value available against clean draft, while the remaining _____ % against the draft at sight on collection basis. （買方須在裝運月份前 _____ 天送達不可撤銷信用狀，規定 _____ % 發票金額憑即期光票支付，其餘 _____ % 金額以即期跟單託收方式付款交單。）
>
> The full set of shipping documents of 100% invoice value shall accompany the collection draft and shall only be released after full payment of the invoice value. If the buyers fail to pay the full invoice value, the shipping documents shall be held by the issuing bank (or paying bank) at the sellers' disposal. （全套貨運單據附於託收項下，在買方付清發票的全部金額後交單。若買方不能付清全部發票金額，則貨運單據須由開狀銀行掌握，憑賣方指示處理。）

三、匯付與擔保信用狀的相結合

在預付貨款付款條件下，可要求賣方開立還款擔保信用狀給買方以確保賣方毀約不交貨時，買方即可憑此信用狀收回預付的貨款。又如以記帳 (O/A) 或託收項下承兌交單 (D/A) 等付款條件交易時，為確保收取貨款的安全，也可要求由買方開立付款擔保信用狀給賣方以保證履行付款義務。採用這種作法，通常在買賣契約中規定類如以下內容的條款：

1.匯付預付貨款與 Standby L/C 相結合

> Payment in advance for 100% of contract amount by T/T within 10 days after signing this contract with a standby L/C in favor of the buyer for the amount of US$ _____ as undertaking.
>
> The standby L/C should bear the clause: This L/C is available by negotiation against beneficiary's draft at sight drawn on Citi Bank, New York accompanied by signed beneficiary's statement stating the applicant (_____) has failed to fulfill contract obligation under contract No. _____ signed between the applicant and the beneficiary.

2.匯付 O/A 貨款與 Standby L/C 相結合

· Payment terms:

O/A payable at 60 days after the date of presentation of shipping documents by T/T remittance to our account No. _____ with Bank of Taiwan.

To guarantee the buyer will effect the payment in accordance with the contract No. _____ signed between the sellers and the buyers, the buyers shall open through a prime bank an irrevocable standby L/C in favor of the sellers for the amount of US$ _____ to reach the sellers 10 days before the month of shipment.

The standby L/C should bear the clause: "This standby L/C is available by negotiation against beneficiary's drafts at sight drawn on Bank of Taiwan, New York, USA accompanied by the beneficiary's signed statement stating that the applicant (_____) has failed to fulfill the contractual obligations under the contract No. _____ signed between the applicant and the beneficiary."

四、跟單託收與匯付相結合

託收付款交單 (D/P) 方式交易對出口商而言，須負較大的風險。因此，出口商在採取 D/P 付款方式時，為了收款更有保障又獲得快速資金周轉，以利順利達成交易，可在採取託收方式收款的同時，要求進口商在貨物裝運前以匯付方式預付定金 (Down Payment) 作為保證或預付貨款。在貨物裝運後，於出口商委託銀行辦理託收時，在託收全部貨款中扣除預付的款項，如託收金額遭拒付，出口商可將貨物轉售或運回，而以預收的定金或貨款來抵償轉售、運費、利息等一切損失及費用。至於定金或預付貨款應規定多少，視不同客戶的資信和不同商品的情況而定。

運用這種結合的方式時，在買賣契約的付款條件內，通常應訂入類如以下內容的條款：

Shipment to be made subject to an advance payment (or down payment) amounting to US$ _____ to be remitted in favour of the sellers by T/T with indication of contract No. _____ and the remaining portion on collection basis.

Document will be released against payment at sight.

（憑以電匯匯給賣方總金額 _____ 美元的預付貨款（或定金）裝運，匯款時列明契約號碼 _____ 其餘部分貨款以託收方式即期付款交單。）

五、跟單託收與擔保信用狀或銀行保證函相結合

在採用跟單託收方式交易，為了減少進口商拒付風險，出口商可要求結合使用擔保信用狀，由開狀銀行保證付款，則出口商的收款就可得到更大保障。其作法是出口商收到符合約定的擔保信用狀後，即可裝運出口，並辦理託收。託收項下的貨款萬一遭到拒付，出口商即可憑擔保信用狀求償追回貨款。採用這種付款方式時，應在買賣契約中規定類如下面的付款條款：

⑴ By D/P at sight for full invoice value. Payment advice shall be sent without delay by the collecting bank to the remitting bank by teletransmission (telex, fax, swift).（憑即期付款交單方式支付全部發票金額。代收銀行須迅速以電傳向託收銀行發出付款通知。）

An Irrevocable Standby Letter of Credit shall be issued by a prime bank prior to shipment for an amount of US$＿＿＿＿＿ in favor of the sellers payable against a clean draft accompanied by a written statement indicating that the buyers have failed to fulfill their obligation of payment under contract No. 123 dated ××× within five days after the presentation of documentary draft by the collecting bank.（裝船前，需由一家一流的銀行開立一份金額為 US$＿＿＿＿＿以賣方為受益人的不可撤銷擔保信用狀，規定憑光票和隨附的一份書面聲明書付款；在該聲明書中註明買方在代收銀行提出跟單匯票後五天內未按第 123 號契約履行付款義務。）

⑵ Payment available by Documents against Payment at Sight with a standby L/C issued by a bank in favor of the sellers for an amount of US$＿＿＿＿＿ The standby L/C should bear the following clause: "In case the drawee of the Documentary Collection under contract No. 123 fails to honour the payment upon due date, the beneficiary has the right to draw under this standby L/C by their draft with a statement stating the payment on contract No. 123 being dishonoured."（即期付款交單付款，並以賣方為受益人總金額 US$＿＿＿＿＿的銀行擔保信用狀擔保。該擔保信用狀應載明如下條款：若第 123 號契約項下跟單託收的匯票付款人未在到期日期付款，受益人有權在本擔保信用狀項下憑其匯票連同一份列明第 123 號契約的款項已被拒付的聲明書支款。）

在採用這種付款方式時，擔保信用狀的有效期必須晚於託收付款期限後的一定時間（例如約十天），以備萬一遭拒絕後能有足夠時間辦理求償手續。出口商在辦理託收時，應在託收申請書（或指示書）中明確規定，要求託收銀行請代收銀行在發生拒付時，應立即用電傳通知以免耽誤，造成擔保信用狀失效，以致失去求償權。

 ## 六、匯付、光票託收及信用狀三者的相結合

在國際貿易中，買賣雙方談判成套設備和大型運輸工具（如飛機、船舶）等交易時，由於交易金額較大，買方往往難以一次或短時間內付清全部價款。於是，買賣雙方簽訂契約時可約定：①預付一小部分貨款作為定金；②一部分則按工程進度和交貨進度分期支付部分貨款（憑信用狀）；③其餘大部分貨款則在交貨後若干年內分期攤付。攤付辦法有下列三種方式：

(1)賣方將貨物裝運後，依約定期數簽發以買方為付款人的遠期匯票若干張（如 10 張），每張匯票包括每期應攤付的本金及應付利息，交給買方承兌，連同銀行保證函交還賣方，賣方則可憑以貼現或匯票到期時託收（光票）提兌。

(2)由買方按約定期數簽發每期到期日支付金額和利息的期票經銀行保證後，交給賣方收執到期分別託收提兌。

(3)分期付款期限較短者，可由買方要求銀行簽發遠期信用狀。

以下是成套設備買賣契約中規定延期（分期）付款條款的例子。

- Payment terms:

⑴ Down Payment:（定金）

10% of the contract value amounting to US$_____ shall be paid as down payment by telegraphic remittance through _____ Bank to the sellers' account with the Bank of Taiwan, Taipei, Taiwan within 60 days after the signing of this contract.（賣方須於契約簽署後 60 天內透過_____銀行電匯契約金額 10%，計_____美元作為定金，存入賣方在臺北的臺灣銀行的帳戶。）

⑵ Deferred Payment:（延期付款）

For the remaining 90% of the contract value amounting to US$_____ , the sellers agree to accept deferred payment as described below:（其餘 90% 的契約金額計 _____ 美元，賣方同意接受延期付款，其辦法如下：）

The deferred payment shall be effected within a period of 10 years with 2 years grace, totaling of 12 years.（延期付款須在 10 年連同 2 年寬限期共 12 年的期間支付。）

The rate of interest is 6% per annum counted from the B/L date of shipping value up to 95% of the contract value. The balance of the contract value plus interest shall be paid in 11 instalments with the first instalment plus interest falling due at the last date of 24th month from the above-mentioned B/L date. The details as per the "Repayment schedule" attached here to.（利率為年息 6%，從提單日按裝船金額到 95% 的契約金額計算。契約金額的餘額加利息分 11 期償付，第 1 期付款加利息於上述提單日期後第 24 個月的最後一天到期。詳細請見隨附的「償付進度表」。）

Against the 90% of the contract value amounting to US$_____ plus due interest amounting to US$_____ of deferred payment totaling US$_____ , the buyers shall provide an irrevocable transferable L/C within 4 months after signing the contract through a prime bank in Indonesia and in favor of the sellers. The L/C shall be valid till full and final settlement of payment in Taiwan.（對 90% 的契約金額及_____美元加利息_____美元共計_____ 美元的延期付款，買方須在簽約後 4 個月內透過印尼的一流銀行提供一份以賣方為受益人的不可撤銷可轉讓信用狀。該信用狀須在臺灣持續有效直至全部付款和最後結清。）

國際貿易實務詳論　　張錦源／著

　　本書詳細介紹買賣的原理及原則、貿易條件的解釋、交易條件的內涵、契約成立的過程、契約條款的訂定要領等，期使讀者實際從事貿易時能駕輕就熟。

　　同時，本書按交易過程先後作有條理的說明，期使讀者能對全部交易過程獲得一完整的概念。除了進出口貿易外，對於三角貿易、轉口貿易、整廠輸出、OEM貿易等特殊貿易，本書亦有深入淺出的介紹，以彌補坊間同類書籍之不足。

英文貿易契約撰寫實務　　張錦源／著

　　本書在理論方面，作者參考中外名著及教學心得，從法律觀點，闡明貿易契約之意義及重要性、貿易契約條款之結構及各種契約用語，以及各種貿易慣例。在實務方面，則說明如何撰寫貿易契約書、經銷契約書、國外合資契約書等。如能仔細閱讀，可訂立各種完善之貿易契約書，防範無謂之貿易糾紛，開展貿易業務。

國際貿易法　　張錦源／編著

　　本書所探討的國際貿易法涵蓋國際貨物買賣法、國際貨物運輸法（含海上貨運、航空貨運、陸上貨運及複合運輸等）、國際貨物運輸保險法、國際貿易支付法（含票據、信用狀、銀行保證、銀行託收等）及國際商務仲裁法等。讀者如能詳讀本書，對於從事國際貿易商務，必有很大的助益。